创业者的十把成功砍刀

赵千里　著

北　京
冶 金 工 业 出 版 社
2014

内容提要

本书共十章，每章都为读者归纳提炼了几种成功创业理念和科学思维模式，也为读者提供了成功创业的路径和方法。本书能够很好地引领创业人员建立科学创业机制、打通高效创业流程、提升创业成功率、控制创业风险，走向成功创业之路，是一部具有正能量的励志图书。

图书在版编目(CIP)数据

创业者的十把成功砍刀/赵千里著．—北京：冶金工业出版社，2014.3

ISBN 978-7-5024-6433-2

Ⅰ.①创…　Ⅱ.①赵…　Ⅲ.①企业管理—基本知识　Ⅳ.①F270

中国版本图书馆 CIP 数据核字(2014) 第 044170 号

出 版 人　谭学余

地　　址　北京北河沿大街嵩祝院北巷 39 号，邮编 100009

电　　话　(010)64027926　电子信箱　yjcbs@cnmip.com.cn

责任编辑　姜晓辉　美术编辑　彭子赫　版式设计　孙跃红

责任校对　卿文春　责任印制　牛晓波

ISBN 978-7-5024-6433-2

冶金工业出版社出版发行；各地新华书店经销；北京百善印刷厂印刷

2014 年 3 月第 1 版，2014 年 3 月第 1 次印刷

169mm×239mm；11.25 印张；200 千字；168 页

38.00 元

冶金工业出版社投稿电话：(010)64027932　投稿信箱：tougao@cnmip.com.cn

冶金工业出版社发行部　电话：(010)64044283　传真：(010)64027893

冶金书店　地址：北京东四西大街 46 号(100010)　电话：(010)65289081(兼传真)

前　言

本书共十章，每章都为读者归纳提炼了几种成功创业理念和科学思维模式，也为读者提供了成功创业的路径和方法；本书能够很好地引领创业人员建立科学创业机制、打通高效创业流程、提升创业成功率、控制创业风险，走向成功创业之路，是一部具有正能量的励志图书。

第一把成功创业砍刀，主要是砍完美借口、砍折扣执行，让创业者秉承“零借口”和“零折扣”两大铁血法则，抛弃完美借口和折扣执行之习，控制执行力风险。这一章节为创业者归纳提炼了八种理念，引领创业者做事要秉承“零借口”和“零折扣”理念，不讲任何借口，不打任何折扣，不设定任何条件；引领创业者大胆创业、拓宽和再造高效率执行流程，建立科学创业运行机制，消除创业低效运作瓶颈，控制执行力风险，提升执行效率，赢得创业成功机会。

第二把成功创业砍刀，砍不作为思想。这一章节所提倡的理念有四。这四种理念引领创业者拿能力、拿业绩说话，凭能力、业绩立足，靠能力、业绩赢得地位；让创业者也能了解掌握“要么卓越，要么出局”和“多点作为，多点业绩，多点能力，多次机会”这一当今时代创业者的成功法则；也能让大家感悟到：既然做了，就应该做到最棒，否则只能出局这一道理。

第三把成功创业砍刀，砍遇挫就言放弃的思想。这一章节为创业者归纳提炼了六种成功理念，这六种成功理念可以让创业者懂得“挫折可以磨炼人的意志，逆境可以造就强者”、“成功者遇挫永不言放弃，放弃者永不成功”、“跌到了站起来，就有希望之路”等道理。引领创业者学会从挫折或逆境中拯救自己，走向成功。

第四把成功创业砍刀，砍遇困难不找方法的习惯。这一章节所提倡的理念有五。这五种理念引领创业者只为成功找方法，不为失败找借口。也能让创业者从中了解掌握如下理念：“假如给我一个阿基米德，我就能为成功找到支点”；困境在哪里，机遇就在哪里，成功就在哪里”，“逆境比顺境，更能引领成功”。“智者遇到问题找方法，愚者遇到困难找理由”等。“方法能改变命运，方法能成就卓越”，方法为王，让问题迎刃而解，凡事都会有解决的方法，只要你去找、去研究，你定会找到解决问题的办法。

第五把成功创业砍刀，砍不忠诚、不敬业的行为。这一章节为创业者归纳提炼了四种理念，这四种理念可以引领创业者正确把握感恩做人为金，敬业做事为赢之内涵；感悟感恩、忠诚是一种境界，也是一种立业之柱，做人之本，丢掉感恩做人之金，就会丢掉成功之机会，抛弃敬业做事就等于抛弃发展空间之机遇。

第六把成功创业砍刀，砍不为企业着想的心态。这一章节为创业者归纳提炼了五种理念，这五种成功理念可以引领创业者像老板一样为企业着想、思考；以老板的心态诚信做事；以老板的心态融入企业；站在老板角度思考，站在员工角度做事，赢得老板的信赖，成就自己的梦想。

第七把成功创业砍刀，砍明日复明日的做事方式。这一章节为创业者归纳提炼了六种成功理念，这六种成功理念可以引领大家把握今日，赢得不可替代的明日。没有人不可逾越，没有谁不可替代。在当今时代，以“今日工作不付出，明日岗位被替代，后日加倍付出找工作”这句至理名言时刻提醒自己，自加压力。也告知创业者一条真理：与其明天被人替代，后天到处找工作，不如珍惜现有的工作岗位，把握好今天，成就明日的梦想。

第八把成功创业砍刀，砍不负责任的态度。这一章节为创业者归纳提炼了五种成功创业理念，这五种成功创业理念可以引领创业者把握责任，拥有高度的创业责任感和使命感，也让创业者懂得责任能决定成败，责任能创造卓越，放弃了责任就等于放弃了成功机会，承担了责任就等于拥有了成功机会。

第九把成功创业砍刀，砍不服从的观念。这一章节为创业者归纳提炼了四种理念，这四种理念可以引领创业者把握秉承“服从”理念的真正内涵，让创业者真正感悟到“服从是金，被动服从是石”，也告知创业者一个事实：今天不努力有可能“今天是领导者，明天就是被领导者，相反今天是服从者，明天就是命令者”。

第十把成功创业砍刀，砍做事不到位的习惯。这一章节为创业者归纳提炼了三种理念，这三种理念可以引领创业者把握做事的境界，了解掌握成功做事的轨迹，引领创业者在创业中把事第一次就要做正确、做精细、做完美、做到位，走向成功创业之路。

本书特别注重吸收了国内外众多企业家、学者和创业者的成功做法、创业经验，在这里表示最诚挚的感谢与敬意。金川集团公司管理人员李梅、马驰也参加了编写，在这里一并表示感谢。

作　者

2013 年 12 月　于金川集团

目 录

1

第一把成功创业砍刀，砍完美借口、砍折扣执行

秉承“零借口”和“零折扣”两大创业铁血法则，控制执行力风险。

1.1 秉承“零借口”理念——创业者铁血法则之一

第一把成功创业砍刀，砍完美借口

- 第一把成功创业砍刀，是指创业者在创业路上砍掉完美借口，引领创业者秉承“零借口”理念，抛弃借口之习，控制执行力风险，不要让借口成为习惯的一把成功创业砍刀。
- 砍完美借口，就是让创业者追求卓越、追求完美；就是不讲任何理由、不设定任何条件，一开始就要努力去做；就是完不成目标，也不要找借口，而去研究完不成的理由。
- 砍完美借口，就是砍掉创业者在创业路上寻找做事不完美、执行不到位的任何借口，智者秉承“零借口”理念创造机会，愚者秉持完美借口错失机会。
- 砍完美借口，就是要砍掉1%的失误。因为，只要还有1%的失误，就意味着你的成功就一定不完满或有缺憾。
- 砍完美借口，就是要砍掉创业者做事不寻找科学高效方法的习惯，以引领创业者凡事要做到位，凡事要追求完美，执行要讲究高效的做事方法。
- 这把成功创业砍刀一旦举起用力砍下去，所有的借口、理由都会化为乌有，一心致力于创业，执行到位、做事完美、追求卓越、创造功效、走向成功。

第一把成功创业砍刀这一部分，主要是砍完美借口，让创业者秉持“零借口”理念，抛弃完美借口之习，控制执行力风险。这一章为创业者归纳提炼了四种理念，引领创业者在创业路上要秉持“零借口”这一铁血法则，不讲任何借口，不设定任何条件，完美执行，卓越执行，高效率执行，赢得创业成功机会。

理念之一：“习惯能成就一个人，也能毁掉一个人”。习惯能成就一个人，也能摧毁一个人；习惯能改变人的一生，决定着人的命运，主宰着人的一生。“出现借口就砍掉，不要让借口养成习惯”，这是失败者的呐喊，也是创业者成功的信条。

理念之二：秉承“零借口”创造机会，秉持“完美借口”错失机会。秉承“零借口”理念，是军人在战争中的一条铁血法则。因为，战争的结果只有两个：要么消灭敌人，要么被敌人消灭。这也是创业中的一条铁血法则，因为创业的结果上也有两个：要么战胜竞争对手，要么被竞争对手击败。因此，秉承零借口理念创造机会，秉承完美借口错失机会。成功永远属于秉承“零借口”理念的人。

理念之三：“只要能做到100%，就不要做到99%”。这一理念告知大家：做事要力求到位，不能做到99%。因为，99%的努力+1%的失误=0。即，只要还有1%的失误，就意味着你的成功就一定不完满或有缺憾，这是成功创业者对创业还未成功者们提出的成功秘诀。

理念之四：凡事追求完美、力求到位，执行讲究高效、力求彻底。这一理念引领创业者做事要追求完美，讲究高效，创造卓越，走向成功。凡事追求完美，实际上砍掉低效运作路径，架起通往成功的高效运作阶梯；一个砍掉一些借口、做事完美、执行高效的人，肯定是一个执行力很卓越的人，成功也一定会给他机会的人。

这一节自始至终都在倡导“四种”理念，并告诉大家成功的人似乎永远在成功，而失败的人似乎一直在失败这一现实。

1.1.1 秉承“零借口”铁血法则，控制执行力风险

秉承零借口理念是创业者铁血法则

秉承“零借口”铁血法则，抛弃借口之习

秉承“零借口”理念，控制执行力风险，是战争中的一条铁血法则。因为，战争的结果只有两个：“要么消灭敌人，要么被敌人消灭”。秉承“零借口”理念，也是创业的一条铁血法则，因为创业者在创业结果上也有两个：“要么战胜竞争对手而成功，要么被竞争对手战败而失败”。完美借口的代价，让成功远离，让你淘汰出局，失败成为必然。只有秉承“零借口”理念，才能控制执行力风险，提升执行效率，走向创业成功之路。

要么创业成功，要么寻找借口失败

秉承“零借口”理念，是军人在战争中的一条铁血法则，也是创业者创业中的一条铁血法则。这一理念能引领军人或创业者秉持“零借口”铁血法则，抛弃借口之习，走向成功之路。战场上的战胜者与职场中的成功创业者，都将秉承“零借口”这一铁血法则视为制胜法宝。

秉承“零借口”理念创造机会，秉持“完美借口”错失机会，是战争中的一条铁血法则。因为战争的结果只有两个：“要么消灭敌人，要么被敌人消灭”。那些一开始就千方百计找借口的士兵或队伍，肯定会在战争中被敌人消灭；而那些一开始就不为自己设定任何理由，不为自己寻找一切借口，而是立刻去做、努力去做、用心去做、不折不扣地去做，毫无疑问在战争中会把敌人消灭，取得胜利。

秉承“零借口”理念赢得机会，秉持“完美借口”错失机会，也是创业过程中的一条铁血法则。因为创业者在创业结果上也有两个：“要么战胜竞争对手而成功，要么被竞争对手战败而失败”。如果，你总是以各种理由寻找借口，你就会每次都做得差一点。如果，你每次差一点，那么十次、百次就会差一大截。如果，一个企业每位领导人、每个员工都比对手差一点，那么这个企业早晚要被优胜劣汰原则淘汰出局；相反，你就会战胜对手而赢得胜利。

秉承“零借口”理念，就是不找任何理由、不设定任何条件，一开始就全力以赴去做；就是完不成目标，也不找任何借口，而是研究完不成的原因，最后把任务完成。“零借口”最终的结果只有一个：执行任务，然后完成。那些凡是没有完成任务的人，就是为自己找借口的人。

秉承“零借口”这一理念，无数“西点人”在人生的各个领域取得了卓越成就。在世界军事领域，“西点人”可谓战功赫赫，硕果累累。据统计美国西点军校已培育出 5 位五星上将、3700 多名将军及众多高级军事将领。更鲜为人知的是“西点人”在工商界竟然也大展身手，创造出一系列惊人的业绩。许多跨国公司的董事长、CEO、总经理等皆毕业于西点军校。比如上面提到的可口可乐、通用电气、杜邦化学等大公司的总裁等。在政界，西点军校甚至为美国贡献出了三位能力超凡的总统：美国内战时期南部联盟总统杰斐逊·戴维斯，第 18 任总统尤利西斯·格兰特，第 24 任总统德怀特·艾森豪威尔。

所以，无论如何不要寻找任何借口。因为，成功属于那些秉承零借口、立刻行动而努力执行的人。完美借口的代价，会让成功远离，让你淘汰出局，失败成为必然。只有秉承“零借口”理念，才能走向创业成功之路。

温馨提醒　完美借口的代价，让成功远离。

温馨提醒 → **完美借口的代价，让成功远离** ← 温馨提醒

无论如何，不要为自己设立任何理由，不要为自己寻找任何借口，借口、理由会使你败阵；想方设法努力去执行，不折不扣地去做，努力执行会使你成功；创业结果只有两个：艰苦创业成功，折扣执行失败。完美借口的代价，让成功远离，让你淘汰出局，失败成为必然。只有秉持“零借口”理念，才能走向创业成功之路。

1.1.2 习惯能成就一个人，也能毁灭一个人，砍不良习惯

习惯能改变人的一生，决定着人的命运

习惯能成就一个人，也能毁灭一个人

习惯能成就一个人，也能够摧毁一个人；习惯能改变人的一生，决定着人的命运，主宰着人的一生。习惯对创业者而言，能左右着他们的成败。良好的习惯是成功的助推器，不良习惯则是失败的种子。因此出现借口就砍掉，不要让借口养成习惯，一旦养成寻找借口之习，失败就离你不远；否则，砍掉寻找借口之习，借口就会离你越来越远，而成功离你越来越近。习惯是通往成功的保证，也是通向失败最直接的通道。

习惯能主宰人的一生，决定着人的成败

习惯能成就一个人，也能毁灭一个人；出现借口就砍掉，不要让借口养成习惯。这是失败者的呐喊，也是创业者成功的信条。习惯是一个人逐渐养成的一种行为方式，这种方式一旦养成，不容易改变。美国成功学大师拿破仑·希尔说：“习惯能够成就一个人，也能够摧毁一个人。”英国伟大的思想家、哲学家培根曾说：“习惯是一种顽强而巨大的力量，它可以主宰人生。”心理学巨匠威廉·詹姆士又说：“播下一个行动，你将收获一种习惯；播下一种习惯，你将收获一种性格；播下一种性格，你将收获一种命运。”这些至理名言说明：习惯能改变人的一生，决定着人的命运，主宰着人的一生。大量成功者与失败者案例也证明：良好的习惯是成功的助推器，是成功之路上的铺路砖，是一个人成功必不可少的条件；而不良习惯则是孕育失败的种子，是成功之路上的绊脚石，是失败的主要原因。因此，出现借口就砍掉，不要让借口养成习惯，一旦养成找借口的习惯，失败就离你不远了；否则，砍掉找借口的习惯，借口就会离你越来越远，而成功离你越来越近。习惯是通往成功的保证，也是通向失败最直接的通道。

习惯有一种顽强的力量，它可以主宰人的一生，一切天性和语言，都不如习惯有力。习惯对创业者而言，有着巨大的影响，它在不知不

觉中，经年累月地影响着创业者的行为，左右着创业者的成败。

专家研究资料表明：一个人一天的行为中，大约只有5%是属于非习惯性的，而剩下的95%的行为都是习惯性的。即便是打破常规的创新，最终也可能演变成为习惯性的创新。根据行为心理学的研究结果：3个星期以上的重复会形成习惯；3个月以上的重复会形成稳定的习惯，即同一个动作，重复3个星期就会变成习惯性动作，重复3个月则形成稳定的习惯。亚里士多德曾讲过："人的行为总是一再重复。卓越不是单一的举动，而是习惯。"一根矮矮的柱子，一条细细的链子，竟能拴住一头重达千斤的大象，可这令人难以置信的景象在印度和泰国却随处可见。一只小鹰和小鸡一起生活，在母鸡的照顾下，小鹰很开心地和小鸡们生活在一起，竟然不会飞翔。习惯了坏习惯，人就会像大象一般，挣脱不了细细的绳索，还以为自己已经把自己的能力发挥到了极限；习惯了坏习惯，人就会像雏鹰那样，仓皇地逃到母鸡的翅膀下，以为自己是只弱小可怜不会飞翔的小鸡。

习惯能够成就一个人，也能够摧毁一个人。最近作者看了《人一生要养成的50个习惯》，书中让我了解到了习惯是个怎样的东西：即贫穷是一种习惯，富贵也是一种习惯；失败是一种习惯，成功也是一种习惯；习惯能成就一个人，也能摧毁一个人。习惯是由重复制造出来，并根据自然法则养成的。有些人之所以总是不能摆脱失败的困境，总感到自己找不到做成事的头绪，这不在于自己的能力，而在于没有一个让你成功的好习惯来引领自己；相反，那些成大事者都有一个共同的习惯，就是善于纠正自己曾经有过的陋习，就是善于寻找把事做成的习惯。因此，在人生道路上，依靠别人是一种致命的陋习，这样只能苦等另外一只帮助的手；成功者强调独立自主的习惯，突出个人做事的才智，即不希望拿着别人的拐杖走路，而是靠强化自我的能力，自己拯救自己。

时间是习惯之父，行动是习惯之母。养成习惯需要时间，需要精力，更需要行动。人的习惯是在不知不觉中养成的，是某种行为、思想、态度在脑海深处逐步成型的一个漫长的过程。因其习惯形成不易，所以一旦某种习惯形成了，就具有很强的惯性，很难根除。它总是在潜意识里引领或告诉你，这个事这样做，那个事那样做。在习惯的作用下，哪怕是做出了不好的事，你也会觉得是理所当然的。特别是在面对突发事件时，习惯的惯性作用就表现得更为明显。

纵观历史，大凡获得成功的人，都具有良好的习惯。鲁迅小时候，因为一次上学迟到被老师批评，于是便在书桌上刻了一个“早”字，以此来激励自己不再迟到。从那以后，鲁迅上学再也没有迟到过，而且养成了“时时早，事事早”的好习惯。正是这一好习惯，成就了鲁迅在中国乃至世界文学史上的辉煌业绩。

爱迪生是人类历史上最伟大的发明家，为世界贡献了1093项发明，如白炽灯泡、留声机等。在世人眼中，爱迪生是个天才，但他本人却把自己的成就归功于勤于思考的好习惯。爱迪生说：“缺乏思考习惯的人，其实错过了生活中最大的快乐。”正是勤于思考的好习惯，造就了天才爱迪生。可见，好习惯对一个人的成功起着决定性的作用。

温馨提醒 成功人永远在成功，而失败人一直在失败。

成功人永远在成功，而失败人一直在失败

温馨提醒 → 如果说成功是一种习惯，坚持是一种习惯，那么失败也是一种习惯，放弃也何尝不是一种习惯。成功的人似乎永远在成功，而失败的人似乎一直在失败。一个人习惯于每天晨跑，他就会几十年如一日的跑；一个良好习惯对一个人的成功起着决定性作用。 ← 温馨提醒

1.1.3 不要满足99%，要有100%的追求，砍掉不完满追求

不要满足99%，砍掉没有100%完满追求的信念。这是成功创业者对创业还未成功者们提出的成功秘诀。创业者要拿起成功创业砍刀，砍掉做事做到99%就自满的思想，砍掉不完满追求的信念。无论是企

不要满足99%，要有100%的追求

不要满足99%，要有100%的追求

99%的努力+1%的失误=0。这一不成功公式说明1%的失误，却意味着100%的不成功。因此，做事能做到100%，就绝不要做到99%。一千次决策，999次决策成功，并不意味着成功，因为有一次失败，可能就要垮掉；千件产品，999件合格，并不意味着赢得市场，因为有一件不合格，企业可能失去整个市场。因此，在企业管理上，只要还有1%的失误，你的成功就一定不完美。

只要还有百分之一的失误，就一定不完满

业还是创业者只满足于99%的成功和优秀，都是骄傲自满、不思进取的表现，不可能有什么大的作为和发展。更不幸的是，在当代社会他很可能就是第一个被市场所抛弃、淘汰的人。

99%的努力+1%的失误=0的不成功公式。也就是说：虽然你付出了99%的努力去做事，去赢得上级或老板的满意，但只要有1%的事做不到位、不周或者失误，就会令上级或老板产生不满，对你的印象会大打折扣。如果这1%的失误，正是老板或上级极为关注和重视的方面，或给公司带来了损失及伤害，就会使你前功尽弃。这说明1%的失误，却意味着100%的不成功。

1000次做法－1次失误=0的不成功公式。我们知道在数学上，“1000－1”是等于999。而在企业经营管理上，“1000－1”却等于0；一千次决策，999次决策成功，并不意味着企业成功，因为有一次失败，企业可能就要垮掉；一千件产品，999件产品合格，并不意味着企业赢得市场。因为，有一件产品不合格，企业可能失去整个市场。一千名员工，999名员工忠诚企业，并不意味着企业就不会蒙受损失。因为，有一名员工背叛公司，可能让公司蒙受无法承受的损失。一千次经济预测，999次预测成功，并不意味着预测就是成功的，因为有一次预测失败，可能让企业破产……

人们知道99℃的水温，不会产生蒸汽，若再添一把火，再升高1℃，即100℃，就会使水沸腾，产生的大量水蒸气就可以用来开动机器，从而获得巨大的经济效益。许多人做到了 99%，就差 1%，但就是这一微小的差别却使他们在事业上很难取得突破和成功。

典型案例： 某某电热水器生产厂声称自己的产品质量合格率为 99%，各项指标安全可靠，并有双重漏电保护措施，让消费者放心使用。然而，一位消费者购买了该厂的电热水器，却不幸摊上了 1% 的失误。跟往常一样，他未关电源就开始洗澡，没想到热水器漏电，而漏电保护装置又失效，以至于他被电流击倒，一条胳膊残废了。按理说，带电使用电热水器属于正常操作范围，不应出现这一故障，即便发生漏电，漏电保护装置也会立刻断电，以确保使用者的安全。然而，这家企业满足于 99% 的合格率，却给那位消费者带来了巨大的伤害。试想如果企业不高度重视这 1% 的质量失误，不仅消费者的生命安全得不到保障，企业的生存也难以维持下去，结果只有关门宣告破产了。

温馨提醒 只要有 1% 的不努力，成功就不完满。

温馨提醒 → **只要有1%的不努力，成功就不完满** ← 温馨提醒

无论是企业还是员工，千万不要满足于99%的努力，只要你还有1%的不努力，你的成功就是不完满、有缺憾的，随时可能被他人替代和颠覆。就像特洛伊战场上的阿喀琉斯，纵然有千钧之力和金刚不破之身，但因脚后跟上那一点小小的破绽，便使其横尸疆场。在工作中，你应该以最高的标准要求自己。能做到最好，就必须做到最好；能做到100%，就绝不做99%。

1.1.4 凡事追求完美力求到位，执行讲究高效力求彻底

凡事追求完美，执行讲究高效；做事力求到位、执行力求彻

凡事追求完美，执行讲究高效

追求完美做事，高效执行	成功在于砍掉完美借口
凡事追求完美，执行讲究高效，创造卓越；做事力求到位、执行力求彻底、成就完美；认真做事才能做对，用心做事才能做完美；高效率执行的人，是一个执行力很卓越的人；提高执行力，打造高效执行团队，创造竞争力；智者秉承“零借口”理念创造机会，愚者秉持完美借口错过机会。	砍掉完美借口，意味着做事完美，高效执行；砍完美借口，实际上砍掉低效运作路径，架起通往成功的高效运作阶梯；砍完美借口，体现了创业者对自己的职责和使命的态度，一个砍掉一些借口、做事完美、执行高效的人，肯定是一个执行力很卓越的人，成功也一定会给他机会的人。

做事力求到位，执行力求彻底

底。砍掉不负责任的完美借口，实际上就是消除管理层级低效运作瓶颈，打通管理层级高效执行流程，提升执行力。当今，不少企业有这样一种高层埋怨中层、中层埋怨员工、员工埋怨中层、中层又反过来埋怨高层的不负责任的怪圈现象，却很少有层级能真正地负起责，也很少有人能高效率、高质量地执行。这说明，企业的上下级执行力出现了问题。执行力有问题不仅仅是基层员工的问题，而是涉及到任何一个层级的问题。而这不负责任的怪圈现象，说明了层层不负责任的问题，归根到底是各层级没有砍掉不负责任的各种借口或理由。各企业管理层级要举起砍掉完美借口这把砍刀，砍掉不负责任的完美借口，砍掉各层级低效率怪圈现象，消除各层级低效率运作瓶颈，打通各层级高效执行流程，提升执行力，提高工作效率。

砍掉不认真、不用心做事的心态。认真做事才能做对，用心做事才能做完美。做事用心而认真，实际上就是砍掉了不认真、不用心的借口，其实是一种成功做事的境界。只要用心、认真，就几乎没有做不成的事情，纵然困难重重，任务繁多，也无法阻拦，所谓人定胜天；做事用心而不认真，看起来不可能，其实用好了心，可能前面用很多力，后面却省了力，也省了心，可惜要达成不容易，而想达成的人本来就少之又少；认真而不用心地做事，需要被好好地监督和领导，否则很可能做很多无用功，费力却没有价值。

砍掉做事不到位、执行不彻底的敷衍心态。平凡与平庸，一字之差，差在习惯上。把每一件简单的事做好就是不简单，把每一件平凡的事做好就是不平凡。同样，做事到位与不到位，执行彻底与不彻底，也只有一字之差，但结果完全不同。作者认为：不论我们是块什么样的材料，只要你能在岗位上发光发热，发挥了作用，体现了价值，实现了自己的人生观、价值观，这就是一块好料。取别人之长来补自己之短，力求把自己的工作做得尽善尽美，实现自己的价值；否则，做一天和尚撞一天钟，那他又怎么能实现自己的价值呢？

创业者在创业的道路上，如果不砍掉各种借口或理由，是不可能成功的。**要做事完美，就必须砍掉各种借口**。“神舟五号”、“神舟六号”、“神舟七号”载人飞船发射成功，中国人几千年的飞天梦想终成现实，这是划时代的创举。一位外国友人说：中国人真了不得啊！把人能送到太空去，是继前苏联、美国之后，全世界第3个成功把人送到太空的国家。但是，这位外国友人也对中国人做事思想进行了评价，他认为：中国人做起事情有了偏差，认为无所谓，对偏差没有敏感性，也不觉得重要。这是许多企业也不能做大做强，或者说是创业者不能成功的真正原因。

凡事追求完美，执行讲究高效；做事力求到位、执行力求彻底；认真做事才能做对，用心做事才能做完美；高效率执行的人，是一个执行力很卓越的人；提高执行力，打造高效执行团队，创造竞争力；一个砍掉一些借口、做事完美、执行高效的人，肯定是一个执行力很卓越的人，成功也一定会给他机会。

温馨提醒

消除低效运作瓶颈，打通高效率流程，提升执行效率。

温馨提醒 → **消除低效瓶颈，打通高效流程** ← 温馨提醒

不管从事什么职业，处在怎样的层级，要学会研究工作低效运作瓶颈，打通高质量、高效率工作流程，提升工作执行效率；一个砍掉一些借口、善于研究寻找高效率工作方法、完美做事的人，肯定是一个执行力很卓越的人，是当今企业最需要的人，也一定会走向成功的。

1.1.5 成功光顾秉承“零借口”的人，砍掉完美借口

成功光顾没有借口的人 → **成功光顾没有借口、千方百计去执行的人** ← 失败在于没砍掉完美借口

失败也罢、做错事也罢，再完美的借口也是于事无补的；失败在于寻找完美借口，成功在于千方百计执行；给自己一个完美借口，等于让自己失去成功之梯；借口让你麻醉不醒，最终却是让你一事无成；成功没有借口，在工作或创业中，千万不要找借口。否则，当你正在花费时间寻找借口时，成功已光顾有准备且没有找借口的人了。

成功光顾秉承“零借口”的人，失败在于没有砍掉完美借口。这是美国西点军校200多年来所奉行的行为准则，并用来引领学员成功的格言，也是目前许多企业创业者所秉持的成功原则。当今“没有借口才能成功”这句名言，已被企业广泛引用。但刚刚“拿来”为我所用时，在很多人心里产生了苦不堪言的想法，许多人认为：“企业里的领导又想把员工的心思套牢了。”他们想，没有借口才能成功，只有在美国西点军校这样一个特殊的环境里才能有用，除此之外，决不会成立的。因为，社会是纷繁复杂的，而每个人社会背景是不同的，每个人对家庭、对工作、对国家的责任也是不尽相同的。但是，目前企业界及各层级人员已对其有所认同，而且作为企业创业成功的法宝所奉行。如在世界500强企业里面，西点军校培养出来的董事长有1000多名，副董事长有2000多名，总经理、董事有5000多名。其中不乏像可口可乐公司、通用公司、杜邦化工总裁这样重量级的人物。不但如

此，可以说，任何商学院都没有培养出这么多优秀的经营管理人才。为什么西点军校培养的人，不仅可以在战场上威风凛凛，在商场上同样可以叱咤风云呢？没有借口才能成功，成功会光顾没有借口的人。就是对这一系列现象最好的诠释。

“零借口”的员工，是无条件、无理由、再艰难也要完成工作任务的人，而不是那些夸夸其谈、愤世嫉俗、动辄抱怨推诿、吹毛求疵、不思自省而又自命不凡的人。战场上需要零借口，工作中需要零借口，创业道路上也需要秉持零借口理念。成功只属于那些勇往直前，秉持零借口理念的人。没有任何借口，这既是对自己负责，也是对他人负责；没有任何借口，是敢于承担责任的表现。

温馨提醒　成功光顾没有借口的人。

温馨提醒

成功光顾没有借口的人	卓越员工从不言借口
成功没有借口。在工作和学习中，千万不要找借口。优秀的员工从不在工作中寻找借口。当你正在花费时间寻找借口时，成功已光顾有准备的人。做一名最优秀的企业员工，总是做得比应该做的更多，你就会得到意想不到的奖赏。 相信这个道理没错：“成功在于没有借口，在于千方百计执行”。	卓越员工从不在工作中寻找任何借口，他们总是把每一项工作尽力做到超出客户的预期，最大限度地满足客户提出的要求，而不是寻找各种借口推诿；他们总是出色地完成上级安排的任务，替上级解决问题；他们总是尽全力配合同事的工作，对同事提出的帮助要求，从不找任何借口推托延迟。

温馨提醒

1.2 秉承“零折扣”理念——创业者铁血法则之二

第一把成功创业砍刀这一部分，主要是砍折扣执行，让创业者秉持“零折扣”这一种理念。此部分为创业者归纳提炼了五种理念，这五种理念可以引领创业者做事不打任何折扣、不设定任何条件，一开

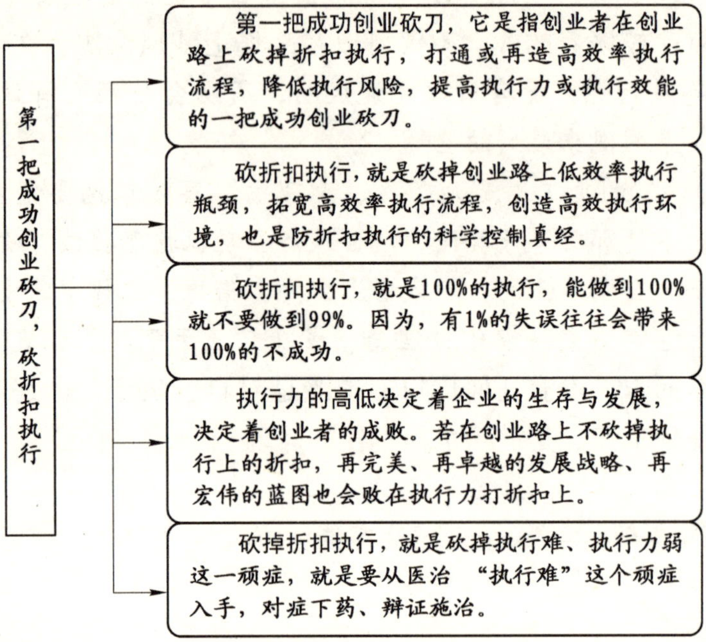

始就100%地、不打折扣地去执行；也能引领创业者拓宽和再造高效率执行流程，消除创业低效运作瓶颈，降低执行力风险，提升执行效率。

理念之一，秉承“零折扣”理念，引领创业者走向成功。秉承“零折扣”理念，是创业者的铁血法则。因为，创业的结果只有两个：要么成功，要么失败。秉承“零折扣”理念，能引领创业者做事不打任何折扣、不设定任何条件，一开始就100%地、不打折扣地去执行。就是完不成设定目标，也不打折扣，而是去研究完不成的原因，最后把任务完成。大量实例证明：**秉持“零折扣”和“折扣”执行两种理念，会产生两种结果：秉持“零折扣”理念执行的创业结果只有一个：走向成功；秉持“折扣”理念执行的创业结果也只有一个：走向失败。**

理念之二，卓越的管理会创造出奇迹。有言道：一只狮子可以“带活”一群绵羊，一只绵羊可以“带死”一群狮子；有人说“做一个好的管理者难，做一个受人尊敬、爱戴的管理者更难，做一个完美、卓越的管理者难上加难”。企业管理也是这样，企业战略目标确定之后，管理者是决定一切的因素，有卓越的管理者才有卓越的企业。而在创业路上做一个卓越完美的管理者，才能引领大家走向成功。

理念之三，20%靠企业战略，80%靠企业执行力。执行力决定着企业战略的实施，成功的企业，20%靠企业战略，80%靠企业执行力。执行力已成为左右企业成败的决定性力量。执行不力，决策无法推进；执行不力，策划得再好的方案也如空中楼阁，可望而不可即；执行不力，目标计划就化为一纸空文。因此，强化执行力问题必须引起我们足够的重视，这是关系到我们能否实现企业战略目标的关键所在。

理念之四，执行团队具有“新木桶效应”，莫让执行力打折扣。这一理念会给大家带来四类引领效应：一类是“短板”引领效应，引领大家弥补短板缺陷、短板管理、短板执行力，提升团队执行合力；二类是“长板”引领效应，以长板员工为标杆或榜样，引领短板员工赶超标杆，提升团队整体素质；三类是“板隙”引领效应，以“板隙”引领效应引领团队成员团结协作，密切配合，发挥齐抓共管效应；四类是“底板”引领效应，以“底板”引领效应引领团队构架特色文化，以团队特色文化引领团队发展，有文化根基，发挥团队这一文化力根基效应。

理念之五，执行过程具有“乘数效应”。做事不能差不多，执行过程不能打折扣。因为，只有100%×100%×100%×100%才会是100%，只要有一个过程执行达不到100%，其结果就不是100%，而是那个达不到100%的数。执行过程需要我们100%的人在100%的时间里，按照100%的标准，100%地执行以达到100%的目标；每天或每项工作都稍微降一点标准，看起来不是“优秀”也是“良好”，但其执行结果大相径庭，如90%×90%×90%×90%×90%=59%，只能是一个会被激烈的竞争环境淘汰的成绩。有些情况下可能还会低于这个分数，甚至变成负数。到了这个时候，你再回过头来按照100%的标准进行“修复”，就可能意味着整个项目、整个工程都需要“推倒重来”，意味着时间和资源的浪费，意味着效率低下和错失良机，意味着先前的努力会付诸东流。

1.2.1 秉承“零折扣”理念，控制执行力风险

把握“零折扣”内涵，做到百分之百执行 → **把握“零折扣”理念，追求完满执行** ← 秉承“零折扣”理念追求卓越的执行

秉承“零折扣”理念，实际上追求的是完美，追求的是卓越，追求的是一次把事做正确、一次把事做到位，追求的是执行力100%。它是一种诚实、敬业、高效、完美的执行。创业过程就像一方沃土，你秉承什么理念，就会收获什么观念：播下一种“零折扣”理念，收获一种100%执行的观念；播下一种100%执行的观念，收获一种完美执行的态度；播下一种完美执行的态度，收获一种卓越绩效的成果；播下一种卓越绩效的成果，收获一种走向成功的机会。

秉承“零折扣”理念，控制执行力风险。秉承“零折扣”理念同秉承“零借口”理念一样，都是军人在战争中的一条铁血法则，也同样为创业者创业的一条铁血法则。战场上的战胜者与职场中的成功创业者，都将秉承“零折扣”和“零借口”理念视为走向成功的法宝。

秉承“零折扣”和“零借口”两种理念，是军人在战争和创业中的两条铁血法则。因为，战争的结果与创业的结果都有两个：要么成功，要么失败。秉承“零折扣”理念，能引领创业者做事不打任何折扣、不设定任何条件，一开始就100%地、不打折扣地去执行。就是完不成设定目标，也不打折扣，而是去研究完不成的原因，最后把任务完成。大量实例证明：秉承“零折扣”和“折扣”执行两种理念，会产生两种结果：秉承“零折扣”理念执行的创业结果只有一个：走向成功；秉承“折扣”理念执行的创业结果也只有一个：走向失败。

秉承“零折扣”理念，引领创业者一次把事做正确。秉承“零折扣”执行理念，实际上可以允许有错误的命令，但不允许有不执行命令的错误。秉承“零折扣”执行理念，实际上追求的是完美，追求的是卓越，追求的是一次把事做正确、一次把事做到位，追求的是执行力100%。是一种诚实、敬业、高效、完美的执行。事实证明，只有秉承“零折扣”和“零借口”理念，才能把看似平凡的事情做到精

致、做到伟大，才能获得成功，而许多人生的失败，都是由于他们的完美“借口”和不完满即折扣执行。

把握“零折扣”理念内涵，追求完美执行，提升执行效率。秉承“零折扣”理念，让我们对“零折扣”这一内涵有了更深刻的把握。教会我们无论遇到怎样的困难，都要树立坚强的毅力和必胜的信念，想尽一切办法去100%地、不打折扣地执行，而不是退缩和推诿，它会使大家学会如何适应压力，并把压力变成动力，而不是去为完不成任务而大打折扣。它会让大家在一次次想办法完成工作任务的过程中积累丰富的经验，并一次次地体会到圆满完成工作任务后的成就感和乐观。要以“零折扣”的理念，净化自己的心灵，将责任感、荣誉感、使命感融入到工作之中，使自己成为企业可以信赖的和勇于承担重任的人。

温馨提醒　以“零折扣”的理念，净化自己的心灵。

以“零折扣”理念，净化“折扣”执行心态

温馨提醒 → 要以“零折扣”理念，净化“折扣”执行心态，将责任感、荣誉感、使命感融入到工作之中，使自己成为企业可以信赖的和勇于承担重任的人。责任就是责任，不要为自己找推卸的理由。错误就是错误，不要为自己找回避的借口；命令就是命令，不要为自己作逃脱的辩解。时刻明白“零折扣”执行，会让你收获一种心态，叫完美；收获一种境界，叫100%；收获一种方法，叫到位；收获一种命运，叫成功。 ← 温馨提醒

1.2.2 追求卓越，就要卓越执行，砍执行不卓越的借口

追求卓越，就要卓越执行

赢在执行，追求卓越 → 赢在执行，追求卓越；追求卓越，卓越执行，就是完美无缺的执行、不折不扣的执行；卓越就是比别人更为执着；卓越就是比别人更敢于冒险；卓越就是比别人更富于梦想；卓越就是比别人有更高的期望；执行卓越、完美的人，从不在执行中打折扣，而是斩钉截铁地砍掉折扣，100%地去执行。 ← 追求卓越，卓越执行

追求卓越，就要卓越执行，砍执行不卓越的借口。为什么强大的美国会在越南的战场上失败？为什么德国足球队在世界赛场上成就卓著？原因是多方面的，但作风顽强+执行力卓越是成就斐然的最重要的一点。德国国家足球队向来以作风顽强著称，特别是在贯彻教练的意图、完成任务方面执行力强，即使在比分落后或全队困难时也一如既往，没有任何借口。这说明无论有多么宏伟的蓝图和多么完美的战略，缺乏执行力就会导致全盘皆输。追求卓越，卓越执行，就是追求完美、完美执行、零折扣执行。这是对追求卓越，卓越执行最简单也是最精辟的诠释。

追求卓越，赢在卓越执行，实际上就是砍掉执行不卓越的借口，就是不折不扣地执行，就是完美无缺的执行。创业中若不砍掉执行不卓越、不完美的借口，那带来的一个直接后果就是执行不卓越、不完美，执行不能获赢。大量案例已经表明：执行卓越、完美的人，从不在执行中大打折扣，而是斩钉截铁地砍掉折扣，100%地去执行。

砍掉执行不卓越的借口，实际上就是砍掉不协作奋战、孤立执行的习惯。大家恐怕都听说过“一个和尚挑水喝，两个和尚抬水喝，三个和尚没水喝”的故事。当庙里只有一个和尚时，他一切自己做主，挑水喝；当庙里有两个和尚时，他们通过协商可以自觉地进行分工合作，抬水喝；可当庙里来了第三个和尚时，问题就出现了，谁也不愿意干，其结果大家都没水喝。这则寓言告诉我们要砍掉工作不协作奋战、孤立执行的习惯。但是怎样才能激励起协作奋战的精神呢。三个和尚挑水吃的另一种说法，给了很好的答案，并充分说明了制度体系与制度文化的强大功能。这一说法是：有三座庙，离河都较远。第一座庙三个和尚一开始轮流挑水，很累，三人商量分三段挑，你挑第一段，我挑第二段，他挑第三段，轮流休息，三个和尚一协作把缸里的水就挑满了；第二座庙，三个小和尚被老和尚叫去，说庙里立个新规定，从今天起谁挑得多，晚饭就给他加一道菜，谁挑得少，晚上菜就减半，或吃白饭，这样三个小和尚你追我赶一会儿就把缸里水挑满了；第三座庙，三个小和尚商量，把后山上的竹子砍了，连在一起做一个输水管道，在河边装一个轱辘，第一个和尚舀水，水桶上去，第二个和尚往漏斗里灌水，流入庙内，第三个和尚在庙里把水装缸里，轻松地就把缸装满。因此，要提升创业团队执行力，就要创建良好的执行氛围，让执行植根于创业团队文化中。执行犹如打仗，如果没有执行力，再强的士兵也只能失败；执行犹如拳击，五指不握紧如何发力击倒对方。

“下者用己之力，中者用人之力，上者用人之智”。一个人的力量总是有限的，成功30%靠自己的能力，70%靠人际关系，说明的正是这个道理。

温馨提醒　蓝图宏伟、战略完美，赢在执行。

温馨提醒

蓝图宏伟、战略完美，赢在执行

追求卓越，赢在执行，就是要求我们工作的每一个阶段，每一个环节，每一个细部都应力求完美，追求卓越，这是我们每一个企业或员工追求的卓越目标。无论是上述讲到的一个足球队还是一家企业、一个团队或一名队员或一名企业员工，如果没有卓越的执行力，就算有再多的创造力也可能没有什么好的成绩。

温馨提醒

1.2.3　战略导向呼唤完美执行，莫让执行力打折扣

战略是企业未来发展的指南

战略导向呼唤完美执行

战略是企业未来发展的指南，执行是成就未来的保障；制定正确的战略固然重要，但更重要的是战略的执行；成功的企业，20%靠战略，80%靠企业各层级的完美执行；企业竞争力，在于执行力，没有执行力，一切都是空谈；一流执行力带来一流竞争力，折扣执行力会失去竞争力；找一个好的战略并不很难，难的是你能不能完美地执行；消除折扣执行观念，呼唤完美执行力，创造美好的明天。

执行是企业成就未来的保障

战略导向呼唤完美执行，莫让执行力打折扣。当今时代比的就是执行力，没有执行力就没有竞争力。战略与执行力对于企业来说，前者是企业未来发展的指南，后者是成就未来的保障。当代企业中，不乏这样的现象：为什么看似雄心勃勃的规划总是一败涂地——执行力不足；为什么好的决策总是一而再、再而三地付之东流——执行力不强；为什么企业刚刚做强、做大，贯彻出现问题？——执行力流失；为什么付出比计划多几倍却达不到计划收益的1/10——执行力黑洞；为什么陷入高层怨中层，中层怨员工，员工怪公司的怪圈——执行力危机；为什么天天开会，常常沟通，却总是没有结果——执行流程不通。这说明策略虽好，但缺少卓越执行力，难逃失败的结局。因此，要想成功不仅要有好的策略而且还要有相当强的执行力。据权威人士统计：成功的企业20%靠策略，80%靠执行力。

有位权威人士讲：为什么工作的指令往往会走样，高层的真实意图难以执行，策略相同而效果却不同，目标任务的实现总是打折扣，应下级解决的问题总是由领导解决，做事总是做不到位、做不正确，下属的责任不知不觉地跑到了领导的身上，总是制度制订一套、嘴上说一套、执行上又一套，重复性错误反复出现？这说明管理者的角色不仅仅是制定策略和下达命令，更重要的是管理者必须具备执行力。管理者的执行力可以弥补策略的不足，而一个再完美的策略也会败在执行力打折扣的管理者手中。在这个意义上，可以说卓越执行，就是砍掉折扣执行，这是企业管理成败的关键。为了更好地实现企业经营目标，就必须反思管理者的角色定位——管理者应该不仅仅制定策略，还应该具备卓越的执行力。

如何让卓越的企业战略“从纸上落地”，如何保证员工的工作绩效与企业的战略、集团公司的发展目标保持一致？铁的执行成为连接这一切的桥梁。当今时代并不缺少想做大事的人，缺少的是把小事做细做精的人；如今并不缺少雄才伟略的战略家，缺少的是完美执行者；现在并不缺少规章制度，缺少的是对规章制度不折不扣的执行力。

当今时代仍存有些误解：认为管理者就是制定策略，描绘企业远景，定好策略，至于执行嘛，那是下属的事情，作为管理者只需要授权就行，这种观念是绝对错误的。相反地，执行应该是管理者最重要的任务。如果管理者角色定位错把忽视执行当成必要的授权，等到发觉策略不能执行，这时候再修改调整策略，可能已经晚矣。

温馨提醒 战略导向呼唤完美执行，莫让执行打折扣。

执行力不足、不强 → **战略导向呼唤完美执行，莫让执行打折扣** ← 执行力危机、黑洞

为什么看似雄心勃勃的规划总是一败涂地？——执行力不足；为什么好的决策总是一而再、再而三地付之东流？——执行力不强；为什么企业刚刚做强、做大，贯彻出现问题？——执行力流失；为什么付出比计划多几倍却达不到计划收益1/10？——执行力黑洞；为什么陷入高层怨中层，中层怨员工，员工怪公司？——执行力危机；为什么天天开会，常常沟通，却总是没有结果？——执行流程不通。

1.2.4 执行过程具有“乘数效应”，不能打折扣

执行环节差一小步，结果差一大步 → **执行过程具有“乘数效应”** ← 执行过程具有「乘数效应」

执行过程往往由多个环节构成，每个环节差一步，执行结果就会差一大步，因此做事不能差不多，执行不能打折扣。若每个环节只付出90%的汗水或90%的努力或90%的辛苦，最终得到一个不及格的分数；只有100%×100%×100%×100%才会是100%。把前面的90%换成100%，需要我们100%的人在100%的时间里，按照100%的标准，100%地执行以达到100%的日标；每天或每项工作都稍微降一点标准，看起来不是“优秀”也是“良好”，但递减下去最终导致的结果，只能是“不及格”。

执行过程具有“乘数效应”，莫让执行过程打折扣。企业的执行力是各环节执行力的乘积，而不是各环节执行力之和。执行过程不能打折扣，哪怕1%的折扣，就会使优良产品变成废品，企业的竞争力

就会大大衰减。

数学上有这样一道题：90% ×90% ×90% ×90% ×90% =59%，是一个小于60%的结果。如果抛开这一数学算题的真正意义，这个等式会代表着什么？很多人认为“把工作做到60%太危险，会被公司炒鱿鱼；做到100%太辛苦，也不太现实；把工作做到90%就很不错了”。这种说法似乎很有道理，但工作的整个过程是由一个个细微的环节串联而成的，每个环节都以上一个环节为基础，各个环节之间相互影响的关系以乘法为基准最终产生结果，而不是百分比的简单叠加。环环相扣的一系列过程结束后，“很不错”的90分最终带来的结果可能是59分，一个不及格的分数，这就是过程控制效应。

一个集约化的现代经营过程需要经过构思、策划、设计、讨论、修改、实施、反馈、再修正等诸多环节。如果你不能在每个环节认真对待，对每一个环节及时反馈和修正，不致力于每一个环节的完美，而是想当然地认为“结果不会有太大问题”。那么，最终的结局可能就是这个环节你做到了90%，下一个环节还是90%，在5个环节之后，你的工作成绩就不是平均值90%，而是59%，一个会被激烈的竞争环境淘汰的成绩。在有些情况下可能还会低于这个分数，甚至变成负数，到了这个时候，你再回过头来按照100%的标准进行“修复”，就可能意味着整个项目、整个工程都需要“推倒重来”，意味着时间和资源的浪费，意味着效率低下和错失良机，意味着先前的努力会付诸东流。90% ×90% ×90% ×90% ×90% =59%，这个简单的等式数学之外的意义就是执行过程不能打折扣，要100%的执行。

当我们想到西方人做什么都按程序一板一眼、不省去一些微不足道的环节时，往往认为他们“傻”，认为他们不知道变通。殊不知正是这样严格执行流程，控制好每个细节，才达到了更高的精确度，堵塞了可能的漏洞。

现在社会上下都在讲提高执行力，那么执行力应该提高到什么程度，如我们对上级、对待上道工序这样，那么对下级、下一道工序我们还会这样吗？这是一个根本原因，这也是很多事情结果不理想的原因。也是我们时常受到批评的原因、不被重用或提拔的原因、总没有进步的原因。

温馨提醒　“乘数效应”的启示——执行过程不能打折扣。

“乘数效应”的启示——执行过程不能打折扣

温馨提醒 → | 执行力是各环节执行力的乘积，而不是各环节执行力之和。执行过程不能打折扣，哪怕1%的折扣也不能打，因为1%的折扣，就会使优良产品变成废品，企业的竞争力就会大大衰减。企业有可能从此会走上破产。 | “人无完人，金无足赤”。100%地做事是一件很难的事，但90%地做事就会出现90%×90%×90%×90%×90%=59%，一个不及格的成绩，一个被淘汰出局的成绩。有时还会远远低于这个分数，甚至变成负数！这时，再回过头来按照100%的标准进行，就有可能“推倒重来”，意味着时间和资源的浪费，意味着效率低下和时机错失，意味着先前的努力可能付诸东流。 | ← 温馨提醒

1.2.5　执行部门具有“新木桶效应”，不能打折扣

短板、板隙引领效应 →

“新木桶效应”—引领效应

“短板”理论具有执行力共同提升效应——“短板”引领效应；“板隙”理论具有相互协作严谨的效应——“板隙”引领效应；“底板”理论具有文化根基、文化力效应——“底板”引领效应；“长板”理论具有长板引领短板赶超效应——“长板”引领效应。

← 长板、底板引领效应

执行部门具有“新木桶效应”，引领执行部门不能打折扣。关于“木桶理论”的争论由来已久，到底是补“短板”还是不断加长“长板”。“旧木桶理论”认为：一个桶装水的多少，不取决于木桶的长板，而取决于木桶的短板，如果存在短板，水就会从短板处流失，只达到短板高度。“新木桶理论”认为：木桶能不能装水，不仅取决于木桶的短板，还取决于木桶的底板、板和板之间的缝隙。如果，板和

板之间连接不到位，水会从缝隙中流失，同样是装不了水。

一个企业的生存与发展，短期、初期比的是长板（长处），看谁的优势更突出、更有亮点；但若从做强、做大一个企业的角度去看，一个企业能否长久发展、规模化发展，真的需要去弥补企业的短板（缺陷）。做企业，真的是没有长处活不了，总有短处活不长、长不大。这也就是本文标题的由来。

那些长板与短板并存的企业一定是小企业。因为，短板的存在制约了其发展的后劲和规模的扩大。有长板，你可以活着；但只要也有短板存在，那么，你绝对长不大，甚至活不长。

“短板引领效应”——“短板”理论的执行力共同提升的效应。“短板理论”是管理学中的一个著名原理，又称水桶定律，是由美国管理学家彼得提出的。说的是盛水的木桶是由许多块木板箍成的，盛水量也是由这些木板共同决定的。若其中一块木板很短，则此木桶的盛水量就被短板所限制。这块短板就成了这个木桶盛水量的“短板效应”。若要使此木桶盛水量增加，只有换掉短板或将短板加长才成。人们把这一规律总结为“短板理论”或“短板定律”。劣势决定优势，劣势决定生死，这是市场竞争的残酷法则。这只“木桶短板效应”告诉我们，领导者要有忧患意识，如果你个人有哪些方面是“最短的一块”，你应该考虑尽快把它补起来；如果你所领导的集体中存在着“一块最短的木板”，你一定要迅速将它做长补齐，否则它给你的损失可能是毁灭性的。很多时候，往往就是一件事而毁了所有的努力。有些人也许不知道木桶定律，但都知道“一票否决”这是中国的“木桶”，有了它你便知道木桶定律是多么重要。

“板隙引领效应”——“板隙”理论的相互协作严谨的效应。如要木桶能装满水，板与板之间的缝隙也是一个主要因素。因此，“板隙”理论形象地说明了企业的各部门是紧密相联的，每一项工作都需要各部门的通力协作才能完成。因此，一个木桶的装水量还得取决于木板与木板间密封程度如何。在各部门目标一致的同时，还必须以一套行之有效的流程或制度来进行规范管理，避免发生部门与部门之间、员工与员工之间的“缝隙”，从而影响执行的力度及效率。

“底板引领效应”——“底板”理论的文化力效应。在一个“木桶”中，所有的木板高度一致，所有的木板间密不透风，还是不够的。它还需要有一个与各块木板连接紧密的底板，而这块木板在企业中，便是一种凝聚企业各部门的一种文化。任一企业在发展的过程中，会不断地积淀着它的文化。为使这种文化在每一个环节中形成默契，企业需要不断地创新、不断地学习。而创新和学习的动力来自于一种执行力，良好的执行力文化，将给企业带来生机。

“长板引领效应”——“长板”理论的引领效应。其实，有很多的木桶都带有手柄，它是木桶中最长的一块，看一个桶是否有更大的作用发挥，最长板的作用也是无可厚非的，它是一个木桶的主心部分。在企业中，企业主或是领导人在企业中扮演着主要角色，他是企业核心文化的决策者，他是企业目标的制定者，只有在主心方向的指引下，各部门的工作才能朝着一致的目标前进。执行力文化的进一步深入，最主要的是培养一支优秀的管理团队及团队领导者。

温馨提醒

“长板”员工、“短板”员工要兼而用之，不能偏废。“短板”员工也能成长为“长板”员工。

温馨提醒

“长板、短板”要兼而用之	“短板”员工变成“长板”员工案例
如果企业过多关注于“长板”员工，而忽略了占公司多数的“短板”员工，会打击其士气，从而使“长板”的才能与团队合作两者间失去平衡。“长板”员工之所以具有“长板”功能，是因为其具有独特的短板所不具有的素质。虽说“长板”贡献率大，但占绝大多数的“短板”员工也有不可忽视的贡献。对“短板”激励得好，效果可大大胜过对“长板”的激励。	有一家公司向某家公司借调一名工程技术人员去协助他们搞市场决策。于是，某公司研究决定派一位业绩平淡的员工去。一个月后，那家公司打来电话讲：“你公司派来的员工还真棒。”总经理听到这话后着实松了一口气。因为，总经理知道被派的那位员工是一位“短板”员工。这位员工回来后，部门主管也对他另眼相看，他自己也增添了自信。后来，这位员工对公司发展做出了重大贡献。

温馨提醒

温馨提醒

科学使用“长板”与“短板”，成功在于团队间的密切合作。

科学使用“长板”与“短板”

温馨提醒 在加强木桶盛水能力的过程中，不能够把“长板”和“短板”简单地对立起来。每一个人都有自己的“长板”和“短板”，与其不分青红皂白地赶他出局，不如把他放在适合他的位置上，发挥他的作用。如何寻找各自的“短板”呢？每个员工通过每天的日工作总结寻找自身的“短板”；部门领导通过不同角度寻找本部门的“短板”，制定相应的措施，使“成长中的短板”变成“长板”，从而提高整体的能力和素质。 温馨提醒

温馨提醒

成功在于团队间的密切合作。

成功在于团队间的密切合作

温馨提醒 一只木桶好比一个紧密合作的团队，能够装多少水不仅取决于每一块木板的长度，还取决于木板与木板之间的结合是否紧密；如果木板与木板之间存在缝隙或缝隙很大，同样无法装满水。一个团队的战斗力，不仅取决于每一名成员的能力，也取决于成员与成员之间的相互协作、相互配合，这样才能均衡、紧密地结合形成一个强大的整体。否则，就会变成一个看上去能装满水实际上却是一只会不断漏水的木桶。 温馨提醒

2

第二把成功创业砍刀，砍不作为思想

拿业绩、能力说话，靠业绩、能力立足。

第二把成功创业砍刀，砍不作为思想

- 第二把成功创业砍刀，是指在成功创业路上，砍掉在其位不谋其政的不作为思想，让其在创业路上在其位谋其政、司其职、尽其责、成其事的一把创业砍刀。
- 这把成功创业砍刀在创业路上一旦举起，砍掉权不为民所用、情不为民所系、利不为民所谋和无过便是功的错误信条。
- 这把成功创业砍刀在创业路上一旦举起，砍掉只求安稳、裹足不前、做一天和尚撞一天钟的不思进取的思想。
- 这把成功创业砍刀在创业路上一旦举起，砍掉无所事事、无所作为的思想，实际上就是增强“一日无为、三日不安”的危机意识，克服“不作为、乱作为”的消极思想，树立“肯作为、善作为”的正确理念，真正做到在其位、谋其政、司其职、尽其责、成其事、建其功。
- 这把成功创业砍刀砍不作为思想，实际上就是为自己创造在其位谋其政或者有位更有为的做事环境。

第二把成功创业砍刀这一章节所提倡的理念有五种。这五种理念引领创业者拿能力、拿业绩说话，凭能力、业绩立足，靠能力、业绩赢得地位；让创业者也能了解掌握“要么卓越，要么出局”和“多点作为，多点业绩，多点能力，多次机会”这一当今时代创业者的成功法则；也能让大家感悟到：既然做了，就应该做到最棒，否则只能出局这一道理。若读者阅读了这一章会给您留下很多启迪。

理念之一：拿业绩讲话，凭业绩立业，靠业绩赢得地位。业绩能改变命运，决定成败，业绩在此，成功在此。当今时代是一个凭业绩说话的时代，用业绩证明自己，一切凭业绩说话，业绩是检验素质高低的标准，业绩升华人生，业绩体现人生的价值，业绩可为你赢得地位。从古至今，没有业绩的人是没有显赫地位的，也是很难有显赫地位的。

理念之二：拿能力说话，凭能力立足，靠能力赢得地位。能力是你最大的靠山，得一时的时运终究会离你而去。这就是说，没有能力做后盾，你最终还是要跌落下去。时运多变，只有能力是自己的，谁也夺不走，成功的人就是凭能力创造时运的人。

理念之三：要么追求卓越，要么选择出局。要么追求卓越，要么选择出局，这当今时代创业者的成功法则。既然做了，就应该做到最棒，否则只能出局。只有做到最棒，你才会赢得超强竞争力，赢得更多成功的机会，成为企业不可替代的人。要成功，要做出骄人成绩。要成就成功事业，就必须最大限度地发挥自己的才能，尽最大努力把事情做棒。因此，必须不断地追求卓越，否则只能出局。

理念之四：辛勤耕耘，赢得一片天空。"天才是百分之一的灵感加百分之九十九的汗水"，"勤能补拙是良训，一分辛苦一分才"。只有辛勤，才会赢得属于自己的一片天空。

理念之五：多点作为，多点业绩，多次机会。多点作为，多点业绩，多点能力，多次机会，这是优胜劣汰法则。不论是升迁，还是能力的提升都会给你丰厚回报。今天你多付出了一分勤劳，明天你就一定能得到超额的回报，不仅是地位的提升，而且还得到经验与能力的积累。

2.1 拿业绩讲话，凭业绩立足，靠业绩赢得地位

拿业绩讲话，凭业绩立足，靠业绩赢得地位。当今时代是一个凭业绩讲话、凭业绩立足，靠业绩赢得地位的时代。用业绩证明自己，一切凭业绩讲话，业绩是检验素质高低的标准，业绩升华人生，业绩

业绩是能力的标尺，获得成功的条件 →

拿业绩讲话，业绩可为你赢得地位

拿业绩讲话，业绩可为你赢得地位。业绩是能力的标尺，是职业精神的崇高体现，是赢得个人职业常青的保障。“业绩至上”是每个公司的原始推动力，也是员工寻求职业突破的关键所在。卓越之人用业绩证明价值与能力。一切凭业绩说话，业绩是检验优劣的标准，一切凭业绩说话，业绩第一，其他第二，有业绩，一定赢！业绩改变命运。业绩在此，成功在此，与其抱怨不如拿业绩说话。

← 用业绩证明自己，一切拿业绩说话

体现人生的价值，业绩可为你立足、赢得地位。从古至今没有业绩的人是没有显赫地位的，也是很难有显赫地位的。

企业靠什么生存，靠所有的员工卓越执行，取得卓越业绩，而不是靠大家折扣执行，轻松地谈谈天、聊聊地、喝喝咖啡之类的。如果你取得了成功，赢得了一定职位，那一定不是因为别的什么，而是因为你完美执行，取得了显著的业绩。真正的人才是积极想办法为企业创造财富的人。哪怕你是技术、能力最强的一个，也并不能表明你是最有价值的员工。只有那些有远大目标，有想法，有创意，能为公司在业绩上做出贡献的员工才是最棒的。

用业绩证明自己。你的业绩就是你的良弓，只有不断努力提高自己的价值，提升自己的业绩才能做到名副其实。只有花架子而无真本领的人，无法赢得他人的尊重和赏识。任何看起来华丽但无实际用处的外在因素，都不能够决定我们的内涵与价值，要证明自己的能力，唯有靠真本领来取得过人业绩。每一个人的人生价值都是伴随着工作的业绩才得以体现，人生的境界也靠非凡的奋斗业绩来升华，无论你面对多么平凡的工作岗位，或是再简单不过的工作，都应该用心去做，在行动中赢得令人瞩目的业绩。这样，才能向大家证明自己的能力，才能从平凡走向卓越，才能成就一番大事业。

例如：某设计师是一家大型企业集团的女设计师，常常要跑工地，看现场，还要经常修改方案细节，工作上是异常辛苦，但她毫无怨言。虽然，她是设计部唯一的女性，但她仍然和男同事一样，事事不落人后，也从不逃避强体力的工作。有一次，公司安排她为一名客户做一个可行性的设计方案，时间只有3天。接到这项艰巨的任务后，她一直都处于一种异常兴奋的状态，满脑子想的是如何把这个方案做好。她到处查资料，虚心向别人请教。虽然熬夜熬得眼睛布满了血丝，但她还是准时把设计方案圆满地完成了，并受到了公司的嘉奖。因为，她做事积极主动、工作认真，公司不但提升了她的职务，还将她的薪水翻了一倍。

在职业生涯中，要人瞧得起，那就要干出业绩来。当你有了业绩必定会有地位，必定也更有滋味。俗话说，没有付出，哪有收获？无论前方的路途有多么艰险和泥泞，当你将它化成前行的动力，以无比坚定的信念，永不放弃的毅力，并坚持不懈地朝着目标努力，就一定能获得业绩并能到达成功的彼岸。

当前激烈竞争的时代，既是挑战，也是机遇。只有做出业绩，才能为社会所认知；只有做出业绩，才能为社会所接受；只有做出业绩，社会对你才能做出正确的评判，也才能给你相应的地位。当你凭借优秀的业绩而获得相应的地位后，便有了更大的舞台能够让你尽情发挥，能够让你更加的有所作为。

温馨提醒 拿业绩讲话，凭业绩立足。

温馨提醒 → **拿业绩讲话，凭业绩立足** ← 温馨提醒

企业中只有“拿业绩讲话”才是最响亮的声音。渴望成功、取得成绩是职场中每个人的愿望，没人喜欢自己平庸、碌碌无为。那么，业绩出自哪里呢？一个成功企业的背后，必须有一群能力卓越、忠心耿耿且业绩突出的员工，企业的生存与发展，只能靠这些员工的努力和拼搏。而员工对于企业的最好回报，莫过于拿自己的业绩讲话，让我们一起努力，以企业的发展为己任，争取创造更好的业绩。

2.2　拿能力说话，凭能力立足，靠能力赢得地位

拿能力说话，凭能力立足 → **拿能力说话，凭能力立足** ← 拿能力说话，靠能力赢得地位

拿能力说话，凭能力立足。在竞争激烈的市场环境下，一个人能否在企业立足，靠的就是他的卓越能力，只有具备卓越能力的员工才能为企业创造出业绩，有了业绩你才能获得成功。无论任何时候，能力都是你安身立命的“法宝”，是你在竞争激烈的职场中脱颖而出的“撒手锏”。大家知道，现实是很实际也很残酷的，你行就行，不行就得一边站，现实的职场只认你的能力、实力。在社会竞争越来越激烈的今天，职场竞争归根结底就是实力的竞争、能力的竞争。是英雄还是狗熊，是骡子还是马，最终要靠实力、能力来证实，靠能力能改变命运，靠能力赢得地位。

拿能力说话，凭能力立足，靠能力赢得地位。许多成功人士的一生跌宕起伏，有攀上顶峰的兴奋，也有坠落谷底的失意，但最终都能重返事业的巅峰。原因何在，是因为有一种东西永远伴随着他们，那就是能力。他们所拥有的能力，无论是创造能力、决策能力还是敏锐的洞察力，绝非一开始就拥有，也不是一蹴而就，而是在长期工作中学习和积累得到的。我们要清醒地认识到：拿能力说话，凭能力立足，靠能力赢得地位。

在“忠诚”、“责任”的理念漫天飞的今天，你是否想过这些理念都是建立在什么样的基础上？那就是能力，没有能力，这些理念都只是空洞的口号，这些“忠诚”、有“责任”的人也只是一副空架子。

“拿能力说话”才是一个人做工作干事业最为关键，最为实在的资本，特别是年轻人行走职场成就未来的第一要素。这里说的能力并不仅仅是指一个人的专业水平的高低精深，而是指一个人的学识才干、远见气度、人际关系、意志毅力、脑力体力等综合素质。没有这些能力的资本，你就无法立足社会和职场，更谈不上闯出一番成功的事业。

当今是市场决定利润，利润决定企业，企业的成功决定老板的命运，而老板又左右着员工。仅仅靠忠诚和责任混饭吃的员工，在老板那里只能“得一时”，道理很简单，老板用你，是用你的能力，他要用你的能力做好工作完成任务创造利润。只有这样的老板和企业才能

长期地发展下去。如果你在工作上没有相应的能力或者发挥不了你的潜能，那么早晚要被老板“扫地出门”，这就是当今职场上的现状——做任何事情，拿能力说话。

只有你拿出能力，把工作做到更出色，为企业创造更大的价值，你的话才有分量，老板会因为你的能力重奖你、提升你并视你为关键人才。这样你成就未来事业的梦想更近了。能力是你最大的靠山，一时的时运终究会离你而去。这就是说，没有能力做后盾，你最终还是要跌落下去。时运多变，只有能力是自己的，谁也夺不走，成功的人就是凭能力创造时运的人。

如果把能力比作一个木桶的话，那么工作和事业就是需要装满的水。你的能力有多大，你的这个木桶就能装多少的水。所以，我们在做工作和干事业的时候，一定要准备好应付一切能力的资本。有了这种蓄势，在关键时刻再打开行动的“闸门”，那么你必将出类拔萃、无往不胜。

在实现自我价值的时代，不要把索求放在心上，而要把能力放在手上，随时磨练。要拿出你的能力和资本求得真正的成功机会。把自己塑造成“有能力的人”，当今时代是一个以知识、智力和创新能力为基础的知识经济时代，知识变成能力才有用，能力作用于知识才有力量。人们只有依靠能力才能实现**自身价值**。

温馨提醒 能力能改变命运，能力能赢得地位。

能力能改变命运，能力能赢得地位

温馨提醒 → 能力能改变命运。只有你拿出能力，把工作做到很出色，为企业创造更大的价值，你的讲话才有分量，老板会因你有能力才重奖你、提升你并视你为关键人才。并因你有能力才让人敬服。有一句话说得好：能力会让每一刻变得更特别。有能力，你就不怕没有出色的自己，因为能力能改变命运、改变一切。要相信你原本就是一只老虎而不是一只山羊。赢家心中只有一个“能”字 —— 能力创造精彩，能力获得飞跃，靠能力能改变命运，能力能赢得地位。 ← 温馨提醒

2.3 辛勤耕耘，赢得属于自己的一片天空

辛勤耕耘，赢得自己的一片天空

机遇只赋予那些有准备的人

“机遇只赋予那些有准备的人”。机遇在每个人面前都是平等的，谁拥有耐心和等待，谁就会得到丰厚的回报。人生最关键是现在和未来，也只有现在和未来才是最真实的，它是你成就事业、创造人生价值的最好机会。聪明的人是不看过去的，应该把目光放在现在和未来的事情上；聪明的人从来不会因为曾经的辉煌而自我陶醉，更不会为曾经的失意而耿耿于怀；聪明的人明白就算为昨天的失意悔恨到痛哭流涕也无法改变残酷的现实。过分的留恋昨天，只会让今天的光阴蹉跎而去，进而可能失去抓住美好明天的机会。

机遇，只赋予那些有准备的人

辛勤耕耘，赢得属于自己的一片天空。经常听到有人抱怨自己没地位，不被人重视。那么，在人们抱怨的时候，是否想过自己为什么没有地位，又要怎样做才能赢得属于自己的荣誉和地位呢？只有自己有所作为才能得到别人的认可，才能得到社会的承认，才能赢得属于自己的一片天空。

有作为并不是要求每个人都要做出惊天动地的业绩来。在平凡的生活和工作中，有作为往往表现为一个人对生活的态度、对事业的抱负和对人生价值的追求。战国时魏国商人白圭有作为，提出“二十取一”的税制，成为封建时代著名商人、经济谋略家和理财家，被世代商人尊称为“治生之祖”，供奉至今。甘罗有作为，12岁居宰相，受万人景仰。爱迪生有作为，一生发明千种以上，成就了人类历史的辉煌。史蒂芬·霍金有作为，一部巨著《时间简史》令人叹为观止。张瑞敏有作为，把“海尔”打造成为全球家喻户晓的世界品牌。温州人有作为，他们的商业足迹遍布四海，让人们为他们能洞察商机和敢闯敢干的商业头脑赞不绝口。综观古今中外，无论贫富贵贱，有作为并不要求你有多高的文凭，也无所谓出身的贫富，只要不甘卑微、自强不息、积极奋斗，那么你就能成就自己的一番事业。

当然，有作为不一定是为了有地位。但是，要想有地位就必须得有作为。如果一个人整天碌碌无为，自甘堕落、流于平庸，还想拥有

让别人刮目相看的地位，那简直就是痴人说梦。有作为实际上是追求一种成功、一种自我价值的肯定、一种对人生目标锲而不舍的拼搏。如果，总是安于现状、忙于应付，抱着“做一天和尚撞一天钟、破罐子破摔”的思想，总有一天连“钟”也没得撞、“罐”也没得摔。也许你还在探索成功的路上，也许你还在苦于追问到底怎样才能有作为，也许你还在埋怨现实的不理想。那么，请你记住伏契克的一句话“应该笑着面对生活，不管一切如何”。现实就是这样，总是在我们没有准备好的时候让我们感觉到它的残酷。当我们的人生陷入危机或者低谷的时候，要始终保持斗志，想办法拯救自己、拯救事业。也许你认为自己是一个可以大有作为的人，只是现实的环境没有给你展示的机会，那么请记住巴斯德的话：“机遇只赋予那些做好准备的人。”机遇在每个人面前都是平等的，谁拥有耐心和等待，谁就会得到丰厚的回报。在人生的征途上，我们要用耐心和毅力去面对挫折对自己的熏陶和锤炼。当机遇降临的时候，我们最起码要有抓住成功的潜质。人生最关键是现在和未来，也只有现在和未来才是最真实的，它是你成就事业、创造人生价值的最好机会。聪明的人是不看过去的，应该把目光放在现在和未来的事情上；聪明的人从来不会因为曾经的辉煌而自我陶醉，更不会为曾经的失意而耿耿于怀；聪明的人明白就算为昨天的失意悔恨到痛哭流涕也无法改变残酷的现实。过分地留恋昨天，只会让今天的光阴蹉跎而去，进而可能失去抓住美好明天的机会。

温馨提醒　辛勤耕耘，赢得属于自己的一片天空。

温馨提醒 → **辛勤耕耘，赢得一片天空** ← 温馨提醒

有作为，就要有一种“做一行，爱一行，专一行，成一行”的进取心态，正所谓“三百六十行，行行出状元”。既然我们已经做出了选择，就要对自己的选择负责。我也坚信只要我们怀着一颗感恩的心，辛勤耕耘，努力工作，总有一天会赢得属于自己的一片天空。

2.4 要么追求卓越，要么选择出局，是创业者的成功法则

既然做了，就应该做到最好 →	要么卓越，要么出局		← 要么追求卓越，要么选择出局
	要么追求卓越，要么选择出局，是创业者的成功法则。既然做了，就应该做到最好，否则只能出局。只有做到最好，才赢得更多成功机会，成为企业不可替代的人。要成功，要做出骄人成绩，要成就成功事业，就必须尽最大努力把事情做好。	卓越可让自己变得坚不可摧。卓越很昂贵，你必须付全价；卓越很昂贵，但回报丰厚；卓越是真理，真理是不会被否定的。你可以把卓越推倒，掩盖卓越，忽视卓越，但无论你做什么，它总能脱颖而出上升到顶部，这就是精华法则——最优秀的将上升到金字塔顶部。	

要么卓越，要么出局，是创业者的成功法则。在这个竞争激烈的年代里，末位淘汰制一直是每个企业遵循的原则。要么最棒，要么出局。在工作面前，你只能全力以赴，除了做到最棒，你也别无选择，优秀和平庸带来的永远都是截然不同的两个结果：要么卓越，要么出局。因此，必须不断地追求卓越，否则只能出局。

追求卓越，就是做到最好。企业只有具备最好的员工、最好的产品、最好的服务、最好的理念，才有立足之地。企业需要最好的员工，最高的薪水、最高的荣誉，只会留给那些能把工作做到最好的人。只有做到最好，你才会赢得超强的竞争力，赢得令人羡慕的荣誉和尊严，赢得更多成功的机会，你也会更受器重，成为企业不可替代的人。

无论是在500强企业，还是在普通的私营单位，最好的员工永远都能为自己争得一席之地；无论是普通员工，还是各层级管理者，只有做到最好，才能掌握自己的命运，拥有卓越的人生。如果做不到最好，你的事业就会停滞不前，你的生活将会流于平庸，而你的人生也必将错失更多的精彩。

要成功，要做出骄人的成绩，要成就成功事业，就必须尽最大努力把事情做好。而且无论什么行业，什么工作，既然做了，就应该做到最好。所以，无论什么公司，无论什么工作，都需要最好的员工，都需要与公司

荣辱与共的员工。所有的企业，都要靠员工用自己的业绩来支撑。

要做到最好，关键不在天分，也不在很高的智商，而在于全力以赴地努力。成功者有强烈的欲望竭尽全力把事情做好。姚明有一句名言：“篮球就是竞争，没有游刃有余的取胜方法，要拼尽全力，连滚带爬地争取胜利。”所以要想做到最好，不需要任何理由，你要做的就是拿结果来复命，而且是拿一个令人称道的结果。

要想做到最好，你要自动自发。在没有人吩咐应该去做什么事情之前，就能主动去做应该做的事情，时时刻刻把自己的工作当成事业，当成信仰。同时，为自己的所作所为承担责任。任何一个公司都希望自己的员工能够自动自发地工作，一个在工作中保持自动自发精神的员工，永远不会被淘汰，也不会被公司抛弃。

要做到最好，更需要你坚持不懈，善始善终地把任务完成，不会半途而废，也不会整天抱怨。对于任何工作，要么不做，要么就持之以恒，绝不轻言放弃。要一直努力下去，以求取得最后的胜利。要做到最好，在付出艰苦劳动的同时，更要会变通，懂得巧干。会变通巧干的人，总能开辟一条新途径，寻找到新的机遇，能找到许多解决难题的方法，干出效率，干出成绩。

温馨提醒 只有努力进取不出局的人，成功才会光顾你。

成功光顾努力进取的人	
凡在事业上取得成功的人，永远是那些相信自己的见解的人；是敢于想人所不敢想，为人所不敢为，不怕孤立的人；是勇敢而有创造力的，往前人所未曾往的人；是那些勇于向规则挑战的人。只有在工作中不甘于平庸，永远超越自我，将自己的潜能发挥到极限，成功才会光顾你的人生。	卓越很昂贵，你必须付全价；卓越很昂贵，但回报丰厚；卓越是真理，真理是不会被否定的。你可以把卓越推倒，掩盖卓越，忽视卓越，但无论你做什么，它总能脱颖而出上升到顶部，这就是精华法则——最优秀的将上升到金字塔顶部。

温馨提醒 → ← 温馨提醒

2.5 多点作为，多点业绩，多次机会

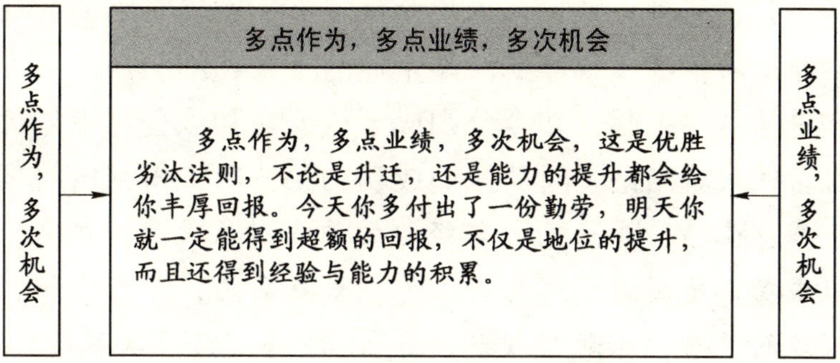

多点作为，多点业绩，获得能力，多次机会，这是优胜劣汰法则。苏联著名作家高尔基曾经说过："天才出自勤奋。"一个人只有不断努力，刻苦学习，才能取得成绩。当我们取得的成绩越多，机会自然会越多，能力与经验的积累就越多。

我国青年数学家陈景润为了摘取"皇冠上的明珠"，解决"哥德巴赫猜想"，坚持每天凌晨3点起床学外语。同时，每天去图书室，沉浸在数学符号的海洋之中。有一天中午，管理员临走时曾大声喊叫，问里面是否还有人。但全神贯注看书的陈景润啥也没有听见，于是他被反锁在里面。后来他望着那紧锁的大门，毫不在意地微笑了一下，不觉饥饿，不知疲倦地重又回到书堆中。

从上面的两个事例我们可以看出"天才是百分之一的灵感加百分之九十九的汗水"。"勤能补拙是良训，一分辛苦一分才"。只有勤奋、上进，才会取得成绩。但是勤奋并不等于蛮干，也要讲求方法，只有方法适当，才能成功。因此，我们在以后的学习中，都应该勤奋、努力，这样才会取得好的成绩！

老师经常教导我们，今天的努力是为明天更美好的生活在打基础。我们必须学会吃苦，习惯勤奋，多出业绩成绩，这样企业才会更加地重视我们，我们的机会才会更多。每当遇到困难的时候我就想起老师给我们讲的话，这时问题就不再是问题了，因为我们都很清楚，我们要什么，我们渴望机会，只有更加努力工作，多出业绩。

在市场经济时代，“等价原则”处处被遵循，即你付给我一元钱，我给你一元钱的货；你付我1000元工资，我给你干1000元的工作。同在一家单位，同处一级，某人突然被晋升，拥有了更高的地位；而有的人却原地踏步甚至被降职。某企业的王某和刘某加入某集团公司以来，同是从基层干起，如今分别成了该公司和该公司策划部的总经理甚至是合伙人。当记者问及他们成功的秘诀时，得到的答案是：多点作为，多点业绩，多点能力与经验的积累，多次升迁机会！刘某谈到之所以成功，是因为他愿意在工作中多点作为，多点贡献，没有按照市场经济的“等价原则”做事。因此，就多了许多次机会！事实上，在工作与报酬的平衡关系上，一个乐于多一点作为的人永远也不会吃亏。今天你多付出了一份劳动，明天你就一定能得到超额的回报，不仅是地位的提升，而且还得到经验与能力的积累。而王某则从给客户提供服务的角度谈了“多点作为，多次机会”的观点。他说如在为客户提供服务过程中坚持“等价原则”的话，就很难形成长远的战略合作伙伴关系，服务的附加值就得不到体现。因此，王某坚持“超值服务”的原则，在为客户服务过程中多点作为，多为客户考虑，得到客户的认可与信赖，也才能多次合作。事实上，某集团公司已形成了一大批长期战略合作伙伴，我想这就是“多点作为，多次机会”的根本所在吧。

温馨提醒 愿作为、多作为的人，是成就大作为的人。

愿作为、多作为的人，是成就大作为的人

温馨提醒

不想做领导的员工不是好员工。因为，这样的员工没有奋斗目标，没有前进的动力，也就没有“作为”的意识。因此，在人才的选拔上，能力素质差点不要紧，可以培养，但一定要选择愿作为、多作为的人，这样的团队、这样的企业才有希望。呼唤各行各业的创业者，在中华民族伟大复兴的历史时期，奋发卓砺，用自己的勤劳和智慧，创造一番大作为，铸造光辉灿烂的职业生涯，开辟广阔似海的人生前景。因此，愿作为、多作为的人，才是成就一番大作为的人。

温馨提醒

3

第三把成功创业砍刀，砍遇挫就言放弃的思想

正视挫折与失败，追求卓越与成功。

- 第三把成功创业砍刀，砍遇挫就言放弃
  - 第三把成功创业砍刀，是指创业者在创业路上砍掉遇挫就言放弃的消极思想，让放弃者勇敢地站起来，做强者、胜者、成功者应做的事，走向成功的一把创业砍刀。
  - 砍掉放弃，实际上就是砍掉成功者与失败者相差的那一步，让放弃者在所走的九十九步的地点上勇敢地爬起来，再往前走一步，走足成功者的一百步，奔向成功。
  - 砍掉放弃，就是正视挫折与失败，就是坚持到底，永不言放弃，永做强者、胜者、成功者。
  - 砍掉放弃，就是砍掉或抛弃懦弱，就是给放弃者力量、勇气和坚强不屈的精神意志。
  - 砍掉放弃，就是让放弃者勇敢地站起来，做成功者做的事，做放弃者不敢再去做的事。
  - 砍掉放弃，就是促使放弃者研究成功者的成功策略、方法、行为习惯和思维模式，就是给他坚持、给他坚韧不拔的毅力、恒心。
  - 这把成功创业砍刀在创业路上一旦举起，所有的放弃都会立即变为坚持，永不言放弃。

第三把成功创业砍刀这一章节为创业者归纳提炼了六种成功理念，这六种成功理念可以让创业者懂得“挫折可以磨炼人的意志，逆境可以造就强者”、“成功者遇挫永不言放弃，放弃者永不成功”、“跌倒了

爬起来，就有希望之路”等道理。引领创业者学会从挫折或逆境中拯救自己，走向成功。

理念之一：挫折可以磨炼意志，逆境可以造就强者。挫折可以磨炼意志，成就伟人；逆境可以造就强者，成就梦想。挫折是强者的起点，挫折是弱者的终点；挫折是强者之宝，弱者之渊；强者愈挫愈勇，而弱者愈挫愈消沉；正视挫折，接受挫折，方能远离挫折，逃避者只能被淘汰。永远相信，挫折是通往成功的第一条道路，伴着挫折或逆境走向成功。

理念之二：成功者永不言放弃，放弃者永不成功。让放弃者勇敢地站起来，做强者、胜者、成功者应做的事，做放弃者不敢再去做的事；想成功就和成功者在一起，学习研究成功者的策略、方法、思维模式和毅力。

理念之三：成功者和失败者只差一步，走完差的那一步，就会获得成功。实际上成功者和失败者并没有多大的区别，成功者往往会走一百步，失败者往往走九十九就止步；失败者比成功者多一次放弃，少一次坚持，欠一点恒心。失败者跌下的次数比成功者多一次，成功者站起来的次数比失败者多一次。

理念之四：跌倒了爬起来，就有希望之路。沙漠中，再走一步就是甘露；雪地里，再进一里就有火焰；荒芜中，再寻一次就见绿色；消沉时，再坚持一秒就沐浴阳光。因此，跌倒一次爬起来，跌倒一百次，一百零一次也要站起来，成为成功的勇者，走向成功。

理念之五：挫折引领成功，失败创造财富。失败是成功者的指南针，失败为成功者指出错误航向，走向正确的成功之路。经过一次失败，获得一次经验，改进一次错误，靠近一步成功；成功者不是没有遇到失败，而是战胜了失败。

理念之六：学会从失败或逆境中拯救自己。失败能磨炼意志，让自己更加坚强，“不要问山有多高，只管攀登；不要问路有多险，只管前行；不要问困难有多大，只管战胜它；不管失败有多残酷，只管挺起腰杆站起来，就会战胜它”。路就在你脚下，成功最终会属于你。永远相信，成功属于善于挑战逆境的人。

3.1 成功者不言放弃，放弃者永不成功

成功者不言放弃，放弃者永不成功 →

成功者不言放弃，放弃者永不成功

成功者不言放弃，放弃者绝不成功；成功者做大家不敢做的事、做大家做不到的事；想成功就和成功者在一起，学习成功者的方法和毅力；成功者往往会走一百步，失败者往往走九十九步就止步；失败者比成功者多一次放弃，少一次坚持，欠一点恒心；勇于拼搏，不言放弃，争做强者、胜者，做成功之人；逆境是阻挡弱者的深渊，但逆境是冶炼强者的熔炉；放弃之人是懦夫，不言放弃是强者，是胜者，是成功者；失败后永远不言放弃，站起来走下去就是胜者、成功者。

← 成功者走一百步，失败者只走九十九步

英国前首相丘吉尔先生在面对凶恶的德国法西斯时，讲了一段非常有震撼力的名言：——“Never never give up”——“永不，永不放弃”。丘吉尔是一个非常著名的演讲家，他生命的最后一次演讲是在一所大学的结业典礼上，那次演讲的全过程大概持续了20分钟。但是，在那20分钟内，他自始至终只讲了两句话，而且都是相同的：“坚持到底，永不放弃，坚持到底，永不放弃！”

这场演讲是成功演讲史上的经典之例。在英国民族危亡之关头，在整个民族需要一种坚强的时候，他用这种方式告诉人民：胜利没有什么困难，战胜敌人也没有困难，只要坚持到底，永不放弃。这场演讲之后的第二天，英国所有报纸的头版标题都是这样的一句话：坚持到底，永不放弃！这句话，成为了当时英国的民族精神，也迅速成为世界反法西斯战线的精神旗帜。借用这个格式，我们是不是也可以这样说，在激烈的市场竞争中，我们从来都没有说过成功是容易的，但是我们绝对、绝对、绝对不会放弃努力！无论是一个国家、一个民族，一个企业，还是一个团队或者是一个人，都需要这样一种精神。缺乏恒心、半途而废是大多数失败的主要根源。成功的主要原因是一个人坚韧不拔的恒心和忍耐力量，是一个人在逆境中依然坚强不屈的精神意志。这次演讲实际上是丘吉尔用他一生的成功经验告诉人们：成功

根本没有什么秘诀可言，如果真有的话，就是两个：第一个就是坚持到底，永不放弃；第二个就是当你想放弃的时候，回过头来看看第一个秘诀，坚持到底，永不放弃。

阿里巴巴董事会主席马云有一次去国外，无聊时跟着朋友去了一次教堂。当教堂牧师讲到了丘吉尔“永不放弃”的故事时，马云顿时觉得如醍醐灌顶、愁容尽失。丘吉尔“永不放弃”的名言，让阿里巴巴能够及时转危为安。成功与失败只在一念之差，这一念就是坚持还是放弃。“永不放弃”这一名言支撑着马云一路走过来。雅虎总裁金建杭曾说过：“马云做黄页时曾被人当成骗子，如果一开始就觉得这个产业没希望，早打退堂鼓了，阿里巴巴放弃的机会很多：创业时资金的压力很大，凑起来的钱只够七八个月的，当时放弃也就放弃了；冬天时，来自投资商的压力很大，看看互联网大背景，谁都不向互联网投资了。当时，要想放弃也就放弃了。”在一次演讲中，马云说：“一个企业的实力是在这种永不放弃中、在失败中不断积累起来的。一个企业的成功最主要是永不言放弃，放弃是最大的失败。英雄在失败中体现，真正的将军在撤退中出现。”

再给大家讲一个故事：在20世纪的美国，有一个年轻人非常渴望当一名演员，他为自己写了一个剧本，并在纸上罗列了好莱坞当时的500位导演。他从第一位开始去毛遂自荐，遭遇了500次拒绝。他不灰心，又从第一位导演开始努力，结果如出一辙。他咬了咬牙，又从第一位导演开始去自我推销，直到第350位导演才勉强同意看看剧本。最后，他终于获得了演这部电影的机会。这部电影叫《洛奇》。这个年轻人就是后来大家所熟知的西尔维斯特·史泰龙。这是一个怎样的概念，我能承受吗？你能承受吗？我们谁能承受？也许这就是史泰龙之所以能成为举世闻名的史泰龙的原因，我们之所以只能是默默无闻的我们的道理所在。一个人有了梦想，就应该像那只爬烟囱的青蛙一样，像史泰龙登门推销自己一样，心无旁骛、永不放弃！

由此看来。对于创业者来说，有时候“屡败屡战，百战不挠”，不放弃也是有其优势的。众所周知，孙中山领导推翻清朝时，起初起义一次又一次地失败，看上去是无止境的血腥，无止境的逃亡。但他毫不灰心，在惊人的“失误—创新—再失误—再创新”的反复演进中最终取得了胜利。要是一般的人，失败上七八次，逃往上十数次，早把信念扔到一边了，怎么能成功呢？企业界的许多成大器者，也是这样一路走过来的。就像爱迪生发明灯泡一样试验了一种材料，又试验了一种材料，终于有一天灯泡亮起来了。

事实上，**每遇到一次挫败，就动摇一次信心，这是人之常情。但是伟人与凡人的不同，就在其动摇信心的同时，总会说服自己再次树立信心**。在现实工作中，许多人往往对失败的结论下得太早，当遇到一点点挫折就对自己的工作产生了怀疑，甚至半途而废，那前面的努力就白费力。唯有经得起风雨的人，才是最后的胜利者。因此，如果不到最后关头就决不言放弃，永远相信：成功者永不放弃，放弃者永不成功。成功最重要的秘诀就是，要运用已经被证明了有效的成功方法。你必须向成功者学习，做成功者所做的事情，了解成功者的思考模式，运用到自己的身上，然后再以自己的风格，创出一套自己的成功哲学和理论。

一些人之所以没有成功，并非他们没有努力，而是因为他们在遭遇到困难之后，在成功的前夕放弃了努力。而最后成功的人，总是抱着“成功就在下一次”的信念，继续努力，最终柳暗花明。成功的步骤：明确的目标——详细的计划——立即行动——随时修正——坚持到底。成功的第一步，天天看“梦想板”。让成功的目标视觉化，反复加深印象。订目标—做计划—大量行动。反复认为自己是什么，就会成为什么。当有人说你“疯”了的时候，可能你就要成功了。要想成为什么人，就要和什么人在一起。想成功就和成功的人在一起；想快乐就和快乐的人在一起；想健康，就和健康的人在一起。只有充分放松，才能有力出击。成功者决不放弃，放弃者永不成功。

温馨提醒

成功者和失败者只差一步，走完最后一步，获得成功。

失败者走了九十九步 → **成功者和失败者只差一步** ← 成功者走了一百步

成功者和失败者并没有多大的区别，只不过是失败者走了九十九步，而成功者走了一百步；失败者跌下的次数比成功者多一次，成功者站起来的次数比失败者多一次。当你走了千步时，也有可能遭到失败，但成功却往往躲在拐弯处的后面。除非你拐了弯，否则你永远不可能成功。

温馨提醒 要成功就要跟成功者在一起，学习成功者的成功思维方式和成功做法。

要成功就要跟成功者在一起 → **要成功就要跟成功者在一起** ← 成功者愿做别人做不到的事

世界上大约只有3%的人成功，97%的人为普通人。成功者之所以成功，是因为其拥有强烈的、明确的成功动机。要成功就要跟成功者在一起。要研究成功者的策略、想法和行为习惯。成功者是比别人多做一次、坚持到底的人。成功者拥有强烈的坚定的信念。成功者“热爱痛苦”。成功者相信：过去不等于未来，没有失败，只有暂时停止成功。成功者愿意做别人不愿做的事、做别人不敢做的事、做别人做不到的事。

3.2 挫折是强者的起点，挫折是弱者的终点

挫折，对弱者是一次打击 → **挫折是强者的起点，挫折是弱者的终点** ← 挫折，对强者是一次激励

挫折是强者的起点，挫折是弱者的终点；对于弱者，挫折可能是埋葬他的坟墓；对于强者，暂时的挫折是真正奋斗的起点；挫折对于强者如同玩游戏，对于弱者就成千难万险；强者从逆境中找回自信，弱者从逆境中失去自信；同样的挫折，不同的人、不同的态度，有不同的结果；挑战挫折，孕育的是一个新起点，暗含着新的成功；挫折是磨刀石，强者磨得坚强，弱者磨得更加脆弱；挫折，对弱者是一次打击，对强者却是一次激励；如果意志是一把刀，挫折就是磨刀石，让意志越发锋利。

挫折是强者的起点，挫折是弱者的终点。不论是在工作中，还是在生活中，人活在世界上总是会面临各种各样的困难和挫折。不可能事事如意。对于弱者，挫折可能是埋葬他的坟墓和终点；对于强者而言，暂时的挫折是真正奋斗的起点。

在美国，有一个名叫雷·克洛的人，他出生的那年，恰逢西部淘金热结束，一个本来可以发大财的时代与他擦肩而过。按理说，读完中学就该上大学，可是1931年的美国经济大萧条使其囊中羞涩而和大学无缘。后来，他想在房地产上有所作为，好不容易才打开局面，不料第二次世界大战烽烟四起，房价急转直下，结果“竹篮打水一场空”。为了谋生，他到处求职，曾做过急救车司机、钢琴演奏员和搅拌器推销员。就这样，几十年来低谷、逆境和不幸伴随着雷·克洛，命运一直在捉弄他。

虽然屡遭挫折，但雷·克洛热情不减，执著追求。1955年，在外面闯荡了半辈子的他回到老家，卖掉家里少得可怜的一份产业做生意。这时，雷·克洛发现迪克·麦当劳和迈克·麦当劳开办的汽车餐厅生意十分红火。经过一段时间的观察，他确认这种行业很有发展前途。当时，雷·克洛已经52岁了，对于多数人来说这正是准备退休的年龄，可这位门外汉却决心从头做起，到这家餐厅打工，学做汉堡包。麦氏兄弟的餐厅转让时他毫不犹豫地借债270万美元将其买下。

经过几十年的苦心经营，麦当劳现在已经成为全球最大的以汉堡包为主食的速食公司，在国内外拥有1万多家连锁分店。据统计，全世界每天光顾麦当劳的人至少有1800万，年收入高达4．3亿美元。

事实上，人和人之间的差别不过是那么一点点。然而，这细微的差别却有着极大的不同。小小的差别体现在思维方式上，极大的不同之处在于所采取的思维方式究竟是积极的还是消极的。正因为雷·克洛拥有积极的心态，才使得其命运瑰丽多彩。的确，心态是真正的主人，你的心态决定了谁是坐骑，谁是骑士。积极的心态使你充满力量，去获得财富、成功、幸福和健康，攀登到人生的顶峰；而消极的心态却把一切让你的生活有意义的东西剥夺得一干二净，在人生的整个航程中使你处于“晕船”的状态，对将来总感到失望。

温馨提醒　学会从失败或逆境中拯救自己，走向成功。

学会从逆境中自救 → **学会从失败或逆境中拯救自己** ← 只有自己拯救自己

失败不会将你打倒，打倒你的是你对待失败的态度；失败，对于强者，是成功的铺垫，对于弱者，则是深渊；学会从逆境中自救，只有自己才是拯救自己的上帝；困难和挫折，往往是大家挖掘无限潜能的最佳机会；从问题中发现并把握住机遇，就能变不利为有利。

温馨提醒　失败能磨炼一个人的意志，让自己更加坚强。

温馨提醒 → **失败能磨炼意志，让自己更加坚强** ← 温馨提醒

让失败来磨炼自己的意志，让自己更加坚强。让失败来锻炼自己的能力，让自己更加有力。让失败来开导自己的思维，让自己更加聪明。让失败来增加自己的经验，让自己更加老练。面对失败，绝不放弃；面对失败，绝不妥协；面对失败，绝不退缩；面对失败，绝不回头。

温馨提醒　逆境能锻造强者，逆境能引领成功。

温馨提醒 → **逆境能锻造强者，引领成功** ← 温馨提醒

让逆境成为训练自己的学校；让失败成为考验自己的试卷；让跌倒成为胜利前的预告；让挫折成为自己潜能的引线。当黑夜过去之后，自己所有失败也随同昨夜一起消逝，迎接自己的又是美好的一天。因为有了昨日的失败，今天自己会加倍地努力，吸取昨日的教训，把事情做得更好。

3.3 挫折可以磨炼意志，逆境可以造就强者

挫折可以磨炼意志，成就伟人 → **伴随着挫折走向成功** ← 逆境可以造就强者，成就梦想

面对挫折要坚强，面对挫折不能谈“挫”色变，退避三舍；顺流逆流总在人生中交替不息，伴随着挫折走向成功；从挫折中汲取营养，从失败中吸取教训，从逆流中获得成功；挫折能磨炼一个人的意志，挫折能锻炼一个人的品行；强者，失败是成功的铺垫。弱者，失败则是痛苦无望的深渊；平静的湖面练不出精悍的水手，安逸的环境选不出时代的伟人；永远相信，挫折是通往成功的第一条道路，伴随着挫折走向成功。

挫折可以磨炼意志，成就伟人；逆境可以造就强者，成就梦想。面对挫折，既不能顺其自然、听之任之而无动于衷，也不能谈“挫”色变，退避三舍。既然挫折是不可避免的，只能是直面挫折。一般而言，面对挫折要坚强，要保持清醒的头脑，要有战胜挫折的勇气；不轻言放弃，哪里跌倒哪里爬起来，相信“太阳明天依然会从东方升起”。

人生历程，大抵逆境居十六七，顺境居十三四。顺流逆流总在人生中交替不息。有些人在挫折面前倒下了，甘心于失败与屈服；有些人即使遇到了惊涛骇浪，也无所畏惧，仍然昂着头，挺着胸，驶向那成功的彼岸。

我们曾学过孟子的一篇文章叫《生于忧患，死于安乐》，其中有几句：“天将降大任于斯人也，必先苦其心志，劳其筋骨，饿其体肤，困乏其身，所以动心忍性，曾益其所不能。”也就是说磨难并不是一种灾难，而是人生的一笔财富，正因为其艰苦卓绝，才能够磨炼人、锻炼人、使人成长。有多少伟人、名人都经历了常人所没有经过的挫折、失败，才有了最后令人瞩目的成就。

挫折成就了中国历史名人、伟人。回首中华历史五千载，成大事者无一不是从挫折与苦难之中磨炼出来的。挫折是勾践卑事夫差三年，

卧薪尝胆，成功是越国灭掉吴国，成就了一代伟业；挫折是司马迁含冤被投入狱中，遭受腐刑，成功是写出了一部《史记》，流传数千载；挫折是剧作家曹禺三次落榜，从医梦破灭，成功是写出了《雷雨》、《日出》等震撼人心的作品。试问，如果没有挫折，他们都生活在安逸的环境之中，他们都过着平静的生活，他们能否成就辉煌，名垂青史，千古流芳？可见，平静的湖面，练不出精悍的水手，安逸的环境，造就不出时代的伟人，唯有挫折是通往成功的第一条通道。

挫折不仅成就了中国的伟人，同样为外国名人、伟人成功奠定了基础。德国著名音乐家贝多芬面对早年耳聋的折磨喊出："我要扼住生命的咽喉，决不能让命运使我屈服。"后来又遭受失恋的打击，可他却凭借自己过人的天赋和超人的毅力完成了一首又一首的世界名曲。直到现在，他仍作为我们崇敬的对象活在我们心中。居里夫人在她的一生中取得了让人不可思议的成就——两次获得了诺贝尔奖，可我们知道在她第一次获奖后，与她志同道合的丈夫因车祸而去世了，可她却忍着巨大的悲痛和生活的压力继续她的研究，最后奇迹般地获得了第二次诺贝尔奖。美国第十六届总统林肯，在他 21 岁时，做生意失败；22 岁时，角逐美国州议员落选；24 岁时，做生意再度失败；26 岁时，他的情人离开人间；27 岁时，一度精神崩溃；34 岁时，角逐美国联邦众议员再度落选；45 岁时，角逐美国联邦参议员落选；47 岁时，提名副总统落选；49 岁时，角逐美国联邦参议员再度落选。然而，就是这样一个屡战屡败的人，在他 52 岁时，当选美国第十六任总统。

这说明成功者是需要坚韧的毅力和非凡的勇气的。给自己一个坚毅的承诺，别怕为成功付出代价，没有谁会随随便便成功，任何人的成功都是建立在付出基础之上的。当一个人能够专注自己的梦想的时候，他就会变得坚毅执着。他才不怕为成功付出代价，他才能做到别人做不到的事情。

温馨提醒

永远相信，挫折是通往成功的第一条道路，伴着挫折走向成功。

温馨提醒 → 挫折是通往成功的第一条道路 ← 温馨提醒

挫折是通往成功的第一条道路

在挫折面前，永不退缩，坚持不懈，攀登知识高峰。在人生的旅途中，我们难免会滑落、跌倒，甚至会摔得头破血流，但当我们战胜了自己，继续攀登、前行，才会发现成功的彼岸就在不远处。永远相信，挫折是通往成功的第一条道路，伴着挫折走向成功。

温馨提醒 强者愈挫愈勇，而弱者愈挫愈消沉。

温馨提醒 → 强者愈挫愈勇，而弱者愈挫愈消沉 ← 温馨提醒

强者愈挫愈勇，而弱者愈挫愈消沉

挫折是强者之宝，弱者之渊，强者愈挫愈勇，而弱者愈挫愈消沉；人生在世，挫折在所难免，正视挫折，接受挫折，方能远离挫折；人生之路是坎坷的，不是一帆风顺的，一百次跌倒，一百零一次站起来；面对挫折，逃避者只能被淘汰，恐惧者只能更懦弱，正视挫折者成功。工作中只有挫折，没有失败，成功者遇挫永不言放弃，放弃者永不成功；善待挫折是对挫折的超越。

温馨提醒 永远相信，成功属于善于挑战挫折的人。

温馨提醒 → 成功永远属于挑战挫折的人 ← 温馨提醒

成功永远属于挑战挫折的人

成功永远属于挑战挫折的人，任何挫折，都是可以战胜的。挫折，不可能避免，挫折也并不可怕，可怕的是在挫折面前失去自我，失去了自信，失去了与困难做斗争的勇气。挫折，在弱者面前是一座大山，难以逾越；在强者面前只是一粒尘土，阻挡不住他前进的脚步。一个甘愿做“挫折”奴隶的人，只能是一个彻头彻尾的失败者。正视挫折，笑对挫折的人才可能是一个成功者。

温馨提醒 成功者不是没有遇到失败，而是战胜了失败。

温馨提醒

成功者不是未遇失败，而是战胜了失败

成功与失败的最后分水岭就在于你面对挫折的态度：你在挫折面前被打倒，止步不前了，那么你就停在了失败的地方；你从挫折中走过来了，继续奋进，永往直前，你就有可能最终走向成功。因为，成功者不是没有遇到失败，而是战胜了失败，最后才获得了成功。

温馨提醒

3.4 成功就在失败的隔壁，失败是成功之母

成功就在失败隔壁

成功就在失败的隔壁，失败是成功之母

成功了是因为坚持，失败了是因为放弃；成功就在失败的隔壁，因为失败是成功之母。“千万人的失败，在于做事不到底，往往做到离成功还差一步,便终止不做了”。实际上成功却就在失败的隔壁，你只是没有坚持叩击那扇失败的门罢了。只要你坚持不放弃地叩击那扇失败的门，其失败的邻居——成功的大门就为你而敞开。

失败了是因为放弃

成功就在失败的隔壁，失败是成功之母。记得莎士比亚曾经说过：“千万人的失败，在于做事不到底，往往做到离成功还差一步，便终止不做了。”实际上成功却往往就在失败的隔壁，你只是没有做到叩击那扇门罢了。有这样一则故事：一个寻找成功的人急切地敲打着一扇神秘的门，门开了，“我找成功”，该人急切地说。“你找错了，我是失败”。门里的人“砰”的一声把门关上了。寻找成功的人只好继续寻找，他跋山涉水，可迟迟找不到成功。后来他想，成功与失败既然是一对冤家，那说不一定失败知道成功在哪里。于是他重新找到失败，失败却说：“我也正要找它呢。”说罢，又“砰”的一声关上门。这个人仍不死心，仍继续叩击那扇失败的门，可失败留给他的仍是一张冰冷的面孔。就在这个人近乎绝望的时候，不断的敲门声惊醒了失败的邻居，随着“吱呀”一声门响，这人一回头，天呀！这不正是成功吗！人生求胜的秘诀，只有经过无数次的叩击失败之门的人，才会知

道成功其实就住在失败的隔壁。

成功住在失败隔壁的又一个案例。美国华盛顿山上的一块岩石上，立有一个标牌，告诉后来的登山者，那里曾经是一个女登山者倒下的地方。她当时正在寻找的庇护所“登山小屋”距她只有一百步而已，如果她能多撑一百步，就能活下去。胜利者往往是能比别人多坚持一会儿的人。即使精力即将耗尽，人仍然会有一点点力气残留着，用尽那最后一点力气的人才是成功者。

1905 年，洛伦丝·查德威克成功地横渡了英吉利海峡，因此而闻名于世。两年后，她从卡德那岛出发游向加利福尼亚海滩，想再创一项前无古人的记录。那天，海上浓雾弥漫，海水冰冷刺骨。在游了漫长的 16 小时之后，她的嘴唇已冻得发紫，全身筋疲力尽，一阵阵战栗。她抬头眺望远方，只见眼前雾霭茫茫，仿佛陆地离她十分遥远。还看不到海岸，看来这次无法游完全程了。她这样想着，身体立刻就瘫软下来，甚至连再划一下水的力气也没有了。

“把我拖上去吧！”她挣扎着对陪伴她的小艇上的人说。“咬咬牙，再坚持一下，只剩下一英里远了。”艇上的人鼓励她。“你骗我。如果只剩一英里，我早就应该看到海岸了。把我拖上去，快！把我拖上去！”于是，瑟瑟发抖的查德威克被拖了上去。小艇开足马力向前驶去，就在她裹紧毛毯喝了一杯热茶的工夫，褐色的海岸线就从浓雾中显现出来，她甚至能隐约看到海滩上欢呼等待她的人群。此时她才知道，艇上的人并没有骗她，她距成功确确实实只有一英里。

当你在失败的门前苦苦挣扎的时候，请别忘了成功就在失败的隔壁。再坚持一会儿，也许你就能握到成功的手了。

美国前总统柯立芝曾写道：“世界上没有一样东西可以取代毅力。才干也不行，怀才不遇者比比皆是，一事无成的天才也很普遍；教育也不可以，世上充满了学无所用的人，只有毅力和决心才能无往而不胜。”世界上没有绝对的成功与失败，只有相对的坚持与放弃。坚持着，总有一天会成功；失败了，那是因为你的放弃。

爱迪生的发明就是一个典型的例子，他曾长期苦攻于一项发明。一位年轻记者问他："爱迪生先生，你目前的发明曾失败过一万次，你对此有何感想？"爱迪生回答说："年轻人，因为你人生的旅程才刚起步，所以我告诉你一个对你未来非常有帮助的启示。我们并没有失败过一万次，只是发现了一万种行不通的方法。"不管你跌倒多少次，只要再爬起来，你就不会被击垮。

中国十大创业领袖、蒙牛集团公司董事长牛根生多次讲到：蒙牛刚刚诞生一年就遭受过6次同行发动的致命性打击，接着又受到有预谋的新闻诽谤，即使到了后来还受到了前所未有的倒闭性投毒事件。在蒙牛遇到被投毒事件那样最艰难的时刻，蒙牛并没有放弃。牛根生讲，只要不放弃，可能就会找到解决办法，只要不放弃，可能就会有路。他认为路是人走出来的：只要你走到哪里，哪里就有路。所以，牛根生一直坚持着找出路，走到了市里、省里、北京，找到了总理，最后问题圆满解决了、成功了。所以，只要坚持到底，永不放弃，就会找到方法，就一定能成功。

当你继续迈向高峰时，必须记住：每一级阶梯都会供给向上的力量基础，然后再踏上更高一层，但它不是供你休息之用。每个人都有内在的力量，但你要知道它在哪里，并坚持发挥它，否则一点价值也没有。世界著名的大提琴演奏家帕柏罗卡沙成名之后，依然坚持每天练习6小时。有人不明白，跑去问他："你为什么还要这么努力？"他的回答是："我认为我正在进步之中。"

每一个"不"的回答都使你愈来愈接近"是"的目标。"黎明之前总是最黑暗的"这句话是至理名言。失败中，你要坚持着，还要努力工作，发挥你的技巧与才能，成功的一天终会到来。即使你成功的一天永远没有到来，你仍然是个大赢家。因为，你已经有了丰富的阅历与知识，懂得面对人生，就是更大的成功。

温馨提醒 成功了是因为坚持，失败了是因为放弃。

成功了是因为坚持，失败了是因为放弃

温馨提醒 → 许多人之所以失败，是因为他们太习惯于放弃了，成功了是因为坚持，失败了是因为放弃；失败是冷门，冷的反面是热，失败的反面是成功；世界上没有绝对的成功与失败，只有相对的坚持与放弃；有希望就会有失望，但放弃希望就等于永远绝望；努力就是光，成功就是影，没有光哪儿来影？ ← 温馨提醒

3.5 一百次跌倒，一百零一次站起来，走向成功

一百次跌倒，一百零一次站起来，走向成功

跌倒了爬起来，强者 → 人生中有成功，也有失败，有顺境，也有逆境；人生之路是曲折的，甚至是坎坷的，走过了就知道；哪怕一百次跌倒，也要一百零一次站起来，走向成功；跌倒了爬起来，失败了站起来，才是真正的强者；用一次次失败和一次次成功去编织自己绚丽人生。 ← 失败了站起来，勇者

一百次跌倒，一百零一次站起来，走向成功。这是成千上万成功者的成功原则。人人都希望走一条平坦的路，但人生不可能是一帆风顺的。有成功，也有失败；有顺境，也有逆境。有人说，挫折是人人有份的“快餐”。也就是说，在学习和生活中，我们随时都可能遇到各种困难失败，乃至遭受不幸。这时候，你是被挫折吓倒，一蹶不振，还是以顽强的意志走向成功呢？

失败是一把尺子，它能使你从中发现自己的不足和弱点。当你把造成失败的沟壑填平后，成功便会奇迹般地出现在你面前。失败是一剂苦口的良药，它能使你从幼稚变成熟，由轻浮变踏实，由急躁变冷静，由狂热变清醒。因此，从失败中得到的体会将会使你终身受益无穷。失败是通向成功的阶梯。多一次失败，便缩小了通向成功的距离，只要你锲而不舍地踏着失败搭成的阶梯不停攀登，成功会意外地拥抱你。

对于一个成大事者来说，遭遇挫折正是他向自己挑战的时机。当你觉得很失意的时候，想想那些伟大人物和你一样年纪时在做些什么吧。让我们来看一看一位著名的美国人所遭遇过的挫折吧：

亚伯拉罕·林肯，21 岁时，做生意失败；22 岁时，角逐美国伊利诺伊州议员落选；24 岁时，做生意再度失败；26 岁时，他的妻子离开人间；27 岁时，一度精神崩溃；34 岁时，角逐美国联邦众议员再度落选；45 岁时，角逐美国联邦参议员落选；47 岁时，提名副总统落选；49 岁时，角逐美国联邦参议员再度落选。然而，就是这样一个屡战屡败的人，在他 52 岁时，当选美国第十六任总统。

人生如海，有风平浪静，也有惊涛骇浪。穿越历史的长廊，有多少伟人在挫折历练下登上闪耀的巅峰。伟人之所以成为伟人，正是因为他们"千磨万击还坚劲，任尔东西南北风"的精神。经历挫折，他们变得更强；经历挫折，他们变得更加沉着；经历挫折，他们创造了历史的辉煌。

温馨提醒 一百次跌倒，一百零一次地站起来。

一百次跌倒，一百零一次地站起来	
成功者是需要坚韧的毅力和非凡的勇气。我们不希望一次次失败，但却常常难以避免这一次次失败，智者千虑必有一失，何况我们都是正常人呢？失败并不可怕，怯懦软弱才最可悲。摔倒了爬起来，失败了站起来，才是真正的强者。	人生之路是曲折的，甚至是坎坷的，只有走过了才知道。失败或者成功，只是人生的驿站。哪怕一百次跌倒，我们也要一百零一次地站起来，用一次次的失败和一次次的成功去编织自己绚丽人生。

温馨提醒　温馨提醒

3.6 跌倒了站起来，就有希望之路

跌倒了站起来，就有希望之路。人生有两杯水，一杯是苦水，一

沙漠中，再往前一步就是甘露 →

跌倒了站起来，就有希望之路

有的人跌倒了再没站起来，失败了；有的人次次跌倒了，都站起来了，成功了；面对失败，跌倒了不能再站起来的人是弱者；能够在多次的失败中重新站起来的人是强者；能够重新站起来并吸取教训直至成功的人才是智者；沙漠中，再走一步就是甘露，雪地里，再进一里就有火焰；荒芜中，再寻一次就走进绿色，消沉时，再坚持一秒就沐浴阳光。跌倒了，站起来就有希望，失败了，爬起来就有成功之希望。

← 荒芜中，再寻一次就走进绿色

杯是甜水，只不过不同的人喝甜水和喝苦水的顺序不同。成功者都是先喝苦水，再喝甜水；一般人都是先喝甜水，后喝苦水。面对挫折要告诉自己：要坚持，再来一次。因为，这一次的失败已经过去，下次才是成功的开始。人生的过程是一样的，跌倒了，爬起来。只是成功者跌倒的次数比爬起来的次数少一次，平庸者跌倒的次数比爬起来的次数多了一次而已。最后一次爬起来的人们就叫他成功；最后一次爬不起来，丧失坚持毅力的人就叫失败。面对失败，跌倒了不能再站起来的人是懦弱的；能够在多次的挫折中重新站起来的人是勇敢的；能够重新站起来并吸取教训直至成功的人才是智者。

有的人跌倒了再没起来，因为他看到眼前一片黑暗，没有一丝光明；有的人一次又一次地跌倒了，一次又一次地站起来，却永远也没有成功，因为他没有方法；还有的人跌倒了，站起来，跌倒了，站起来，跌倒了……直至成功，因为他们在每次站起来时，都要看看是谁绊了他，为什么要绊他，自己应该怎样才能不被它绊。那就是“抬起脚”，没错只要你抬起脚，就会看到前面的成功在向你招手。

当你站起来时，就要吸取以前的教训，不要再倒下去。无论前面你将会遇到什么，都不要害怕。因为，这时的你是快要抓着成功的人，只要一松手，你就要从头再来。同时，也要告诉自己，没有下一次。生活中有许多人总是依赖着下一次，上帝的耐心也是有限的，他不会因为你的勇气而时常眷顾你的。

曾听过这样一则寓言。一位望子成龙的父亲送自己懦弱的儿子去学拳击。半年后，儿子的老师请他去看儿子的比赛。他满心欢喜却只看到儿子在台上一次又一次地被人摔倒在地。之后，老师来找他，问他可否满意。他怒言道："太让我失望了，我让他学了半年，他却被人打倒了一千次，真丢脸。"老师听完，遗憾地回答："你只看到他被人打倒了一千次，却没有看到他一千零一次地满怀希望地站起来啊。"

我们感叹那父亲的愚蠢，然而事实是，世俗的眼光的确多停留在了那一千次的倒下上了。可那有什么关系呢？只要我们自己不放弃希望，站起来一次，再站起来一次，谁又能说我们没有希望让那个对手倒下呢？鲁迅说："希望是本无所谓有，无所谓无的。这正如地上的路，走的人多了，也便成了路。"一次失败并不代表终身的失败，哪怕你从未获得过胜利，你依然不应惧怕失败。如同当年爱迪生发明电灯时一样，他尝试了几百种乃至上千种材料做灯丝都没有成功。在别人嘲笑他失败的时候，他却说："至少我知道了那些材料不适合做灯丝。"林肯一生经历的十一次重大事件中只成功了两次，但凭借着他不懈的努力和追求，最终当选了美国总统，至今仍被世人所怀念和称颂。不愿放弃的品性让他走得比别人更远，能获得非凡的成功。

没有常胜将军也没有永远的失败者，生活亦是如此。现在的胜利，代表的是对你过去的肯定。但不进则退，胜利者面临着他人与自我的双重挑战；而现在的失败同样只代表过去，只要继续努力，下次的胜利就有可能属于你。

其实，在坎坷的人生中跌倒一两次是最正常不过的事情，但最可怕的是在跌倒处爬不起来，从此长卧不起或寄希望于别人的搀扶，而人生的路并不会从此就一帆风顺。人必须学会走过坎坷，学会在跌倒处爬起来！

有人问一个孩子，他是怎样学会溜冰的？那孩子回答道："哦，跌倒了爬起来，爬起来再跌倒，在反复跌倒爬起来的过程中，就学会了溜冰。"使得大家成功，使得企业卓越的，实际上就是这样的一种精神。跌倒不算失败，跌倒了站不起来，才是失败。

温馨提醒 跌倒了爬起来，走向成功。

跌倒了站不起来，失败 → **跌倒了爬起来，走向成功** ← 跌跌倒了爬起来，成功

你想在创业中成功吗？那么，不要放弃哪怕任何一个微小的希望。沙漠中，再走一步就是甘露；雪地里，再进一里就有火焰；荒芜中，再寻一次就走进绿色；消沉时，再坚持一秒就沐浴阳光。跌倒了，站起来就有希望成功。学会在跌倒处爬起来的毅力；跌倒不算失败，跌倒了站不起来，才是真正失败；只要你跌倒了不愿爬起来，那你就会丧失将来的机会，成为永远的失败者；成功者秘诀，就是把一次跌倒视为下一次站立的垫脚石。

3.7 失败引领成功，失败创造财富

失败引领成功 → **失败引领成功，失败创造财富** ← 失败创造财富

沉浸在成功之中，成功就是陷阱；
沉溺在失败之中，失败就是深渊；
世上成大器者，必先经历多次失败；
每次失败教训，都是造就成功的基石；
失败造就成功之基，也是创业财富。

失败引领成功，失败创造财富。“自古雄才多磨难，从来纨绔少伟男”。我们知道在创业的道路上，有坦途，也有坎坷。创业之路注定是成功与失败同在，成功固然高兴，但高兴得忘乎所以，甚至从此不思进取，那就变成了更大的失败。失败固然伤心，但痛定思痛，越挫越勇，必定取得更大成功！所以成功和失败不是一成不变，而是可以相互转化的。不管成功还是失败，理智的做法是把它们都变成财富！成功了总结经验，并从对手的失败中警示自己不犯同样的错误。另外，即使成功，有时也不是十全十美，没有一点儿遗憾，仍需完善。

世上成大器者，必先经历多次失败。创业也是如此，失败不可避免，但每一次失败的教训，都是造就成功的“基石”。因此，理性地看待失败，是创业成功的先决条件。

在“创业大本营”美国硅谷，每年都有数以万计的企业倒下，但同时也使成千上万的创业者一夜暴富。美国知名创业教练约翰·奈斯汉认为：“造就硅谷成功神话的秘密，就是失败。失败的结果或许令人难堪，但却是取之不尽的活教材，在失败过程中所累积的努力与经验，

都是缔造下一次成功的宝贵基础。”在中国，以研发 M6401 桌面中文电脑软件起家的巨人集团总裁史玉柱，在谈及创业经验之时也说出了“失败是金”这句发自肺腑的感叹之言。

失败的经历反会转为成功的经验，创业者才能守得云开见日出，真正找到成就事业的起点。对创业者来说，失败往往是创新的开始，但减少失败则意味着更大的成功。有人总结说：商道即人道，做事先做人，创业者要用一颗宽容的心来对待失败。成功需要经验积累，而这个过程就有可能是在不断的失败中跌打滚爬。对创业者来说，只有在失败中不断积累经验财富，才有可能到达成功的彼岸。正如美国 3M 公司的一句至理名言：“为了发现王子，你必须与无数只青蛙接吻。”

温馨提醒　成功不在半路，而在终点。

温馨提醒 → **成功不在半路，而在终点** ← 温馨提醒

成功不在半路上。失败造就成功之基，也是创业财富。为成功而前行，就像去一个遥远的圣地，道路崎岖而漫长，可你千万不能半路放弃，也许我们曾经有过这样的经历：你在等一个人，等得不耐烦就走了，你前脚走，他后脚到，事后，你又懊悔怎么没多等一会儿。同样，追求成功却半路放弃，也许成功就在几步之外。

3.8　追求卓越，面对失败，掌握未来

向失败要卓越、要未来 → **追求卓越、面对失败、掌握未来** ← 追求卓越，掌握自己未来

向失败要卓越、要未来，而非重复失败；追求卓越，面对失败，掌握自己未来；追求卓越说来容易，做起来绝非易事；了解失败的原因，避免犯相同的过错；没有人愿意做错事，但做成事必付出；不要怕错，做得越多，错得也就越多；改错越多，成功率越高，更能掌握未来。

追求卓越、面对失败、掌握未来。追求卓越是每个人的愿望，很少有人愿意失败。但细想一下不难发现，“卓越”和“失败”密不可分。“卓越”代表我们所做的事情是普通人不可能或不容易做到的，这也就说明在追求卓越的过程中不可能一帆风顺。如果轻易就获得成功，这件事相比也算不上是什么卓越之事。那么，究竟怎样才能创造卓越呢？绝不是说我们不去想、不去面对“失败”就可以的。我们越不愿意面对失败，越不愿意去了解失败的原因，将来在追求卓越的过程中，最终仍然无法成功的可能性也就越大。

另外，追求卓越说来容易，但做起来绝非易事——最大的困难就在于克服自己。也就是说，每个人都要承认自己的缺点，承认做事会有失败的时候。要能够站在一个很客观、很虚心的立场上总结事情失败的原因，只有真正了解失败的原因，才能避免再犯相同的过错。中国古代儒家学派有一个观点认为，比较完美的人应该是“不迁怒，不二过”。一般说来我们每个人都会碰到失败之事，某些领导就会迁怒他人，找出若干人进行处罚，然后，再接着做事。这样就没能从根本上了解失败的原因，所以再一次开始时，相同的错误又会发生……也许表面上看来像在追求卓越，可由于没有面对曾经的失败，往往会导致以后追求卓越的速度变得更慢，这绝不是一个追求卓越的好方法。

20 世纪八九十年代，日本企业发展迅速，美国很多公司都受到威胁，因而有公司开始花大力气改进产品质量。须知，做这种事也是要有方法的。首先需要了解错在哪里。卓越的公司敢于面对错误，对事不对人，不强调个人的过错，而倾力找出作为一个团队的问题所在，而后改进做事方式，使整个企业向成功的方向迈进。如若只是纠缠于人与人之间的争执，对解决问题毫无帮助，结果只能是整个企业原地踏步甚至后退。

“闻过则喜”的人不易经常遇见，可优秀之人在发生问题时，基本总会考虑“事情为何如此发生?”、“自己在这个过程中扮演了怎样的角色?”、“是否有过错误的决定?”、“整个团队应该怎样做?”等一系列问题来分析总体情形，了解问题并且找出应对方案。于是，当他再次碰到类似问题时，失败的可能性也就变小了。还有很多人“闻过则大怒”，在这种团队里，成员都不把问题讲出来，捂着、盖着，当然问题也就无法得到解决。事实是，没有任何一个问题会自动消失，于是问题也就越积越多、越变越大，这个团队也就只会越来越失败，离卓越也就越来越遥远。

再有，在追求成功和卓越的时候，一定不要怕出错。如果我们把错误、失败看作是追求成功过程中不可或缺的一环，也就可以正视它了。就像乔丹，他对追求卓越虽然有着狂热的执著，但也常常会失败。因为，乔丹没有投中决胜的关键一球而使公牛队失败时，他也如你我一样的沮丧、难过。然而，他逐渐意识到，团队的卓越才会使他个人更加成功。在以后的比赛中，如果他发现防守自己的对手较多时，他就会主动把投最后一球的机会让给队友，以保证球队的胜利——尽管这会使他的个人得分比输球时少一些。也正是由于他从失败中学到的这些，最终使球队和他自己都更为卓越。这就是卓越的基本精神：不要怕错，做得越多，错得也就越多。可是如果能够不断改进，那么距离卓越也就越来越近了。

温馨提醒　秉承追求卓越理念，创造卓越机会。

温馨提醒 → **秉承追求卓越理念，创造卓越机会** ← 温馨提醒

一个成功企业的基本精神应该是“追求卓越、面对失败、掌握未来”。一个卓越公司的领导总是勇于承担责任，面对挫折，汲取教训，并以此为契机寻找公司更大的发展空间。我国的企业更是应该秉承这些卓越公司的先进理念，应该考虑如何变不利为机会，使得企业更有竞争力和创新力，能够在市场上做成他人做不到的事情，变不利环境为我们追求卓越的绝好机会。

3.9　回避挫折，不会摆脱挫折，更不能战胜挫折

回避挫折，不会摆脱挫折，更不能战胜挫折，成功是从挫折中走出来的。挫折在生活中无时不有、无处不在，问题只在于你有没有碰

回避挫折的人，不会摆脱挫折

回避挫折，不会摆脱挫折，更不能战胜挫折

回避挫折，就不会摆脱挫折，更不能战胜挫折；乌云有时会遮住太阳，但乌云无法永远裹住太阳；挫折如乌云，只要你是一个强者，挫折就无法将你包裹；回避挫折的人，不会摆脱挫折；屈服挫折的人，不能驱赶挫折；只有善待挫折的人，才能使挫折成为走向成功的垫脚石；在哪里跌倒就在哪里爬起，成功是从挫折中走出来的；正视挫折，你才能超越挫折，才能找到成功的航向。

屈服挫折的人，不能驱赶挫折

上，碰上的挫折大或小。但不论如何，遇到挫折，你都应坦然处之，不必惊慌失措，不必哀叹命运的不公，“兵来将挡，水来土掩”你应该准备战斗，努力战胜挫折。在哪里跌倒就在哪里爬起，成功是从挫折中走出来的，乌云有时会遮住太阳，但乌云无法永远裹住太阳。挫折如乌云，只要你是一个强者，挫折就无法将你包裹。恰恰相反，经过与挫折的拼搏，你会更坚强。没有一个人命里注定要过失败的生活，也没有人注定要过一帆风顺的生活。生活告诉我们，失败并不可怕，可怕的是因畏惧失败而畏缩不前。

回避挫折的人，不会摆脱挫折；害怕挫折的人不会减少挫折；屈服挫折的人，不能驱赶挫折。只有善待挫折的人，才能使挫折成为走向成功的垫脚石，成为进军途中的号角。

许多事实证明，缺乏挫折耐性的人很容易把生活中的某个断面、某个阶段甚至某件事看作生命的全部；把人生的某个瞬间看作生命的永恒。在人生道路上，遇到风和日丽的时候，就满面春风、得意忘形；一旦遇到一点儿风风雨雨，就以为世界的末日到了，极易做出极端的反应。

挫折是成功途中的考验，怯弱的人难免在挫折的压力之下被淘汰，只有坚强的人才能走完自己的理想征程。一个人奋斗目标的高低是与可能遇到的挫折成正比的。古往今来成大事的英雄，几乎无一不是在挫折中一再奋起，在惊涛骇浪中一再搏击的人。“宝剑锋从磨砺出”，正是挫折与艰难的磨炼使他们具备了坚韧不拔的意志和非凡的才干，从而成就人间伟业。正视挫折，你才能坦荡自如，尽早找到走向奋斗目标的航向；正视挫折，你才能超越挫折，尽快找到开启成功之门的钥匙。

温馨提醒　挫折的收获，超越挫折。

挫折的收获，超越挫折

温馨提醒 → 对挫折我们不能消极地忍耐或回避，而应直面正视人生挫折，积极克服和战胜挫折，在哪里遇到挫折，就在哪里爬起来，也就在哪里找到了锻炼的机会。

温馨提醒 → “挫折”是你收获的最好果实，你可以从中得到你所想要的经验。这就是挫折的收获。战胜了挫折，说明你在向成功迈进。

3.10　失败为成功者指出错误航向，走向成功之路

失败是成功者的指南

经过一次失败，获得一次经验 → 失败中蕴藏着成功，正视失败，锻造铁的品质，养成坚强的毅力；失败就像是告示牌中的“此路不通”，它告诉人们必须另辟新路；经过一次失败，获得一次经验，排除一次错误，靠近一步成功；失败是成功者的指南针，永远告诉成功者那是错误的航向。同时提示我们，转过身去，对面便是成功。 ← 排除一次错误，靠近一步成功

正视失败，锻造铁的品质。失败就是引领我们走向成功的指南针，在我们创业中一次次失败的迷失方向中，以它恒久不弯而又准确无误的指针，告诉我们错误的方向。但它也同时提示我们，转过身去，对面便是成功。

失败中蕴藏着成功，成功和失败两者之间的关系应该是密不可分的。人在犯错时，会汲取教训而逐渐变聪明。就如人学习走路，在开始学习的时候会摔倒，而在经过几次摔倒疼痛中获取经验，才能真正

学会走路。我们做每件事情，总是希望能顺利成功。但是错误、挫折，失败就像是告示牌中的此路不通，他告诉人必须另辟新路，失败迫使人们不得不从损失、牺牲中吸取教训。经过一次的失败，获得一次的经验，就能排除一次的错误，向成功再靠近一步。

我曾听到这样的一个故事：有这样一个人，他在市场上买了一只小坛子，用一根绳子拴着背在身后，走着走着，绳子断了，坛子掉在地上摔碎了。可是他还在向前赶路，后面的人好心跟上他说："年轻人，你的坛子摔碎了，你停下来看看再赶路也不迟呀！"他假装没听见，还是继续往前走。这时候，后面那个聪明的人不禁摇头："原来这个年轻人是个傻子。"大家说这个年轻人是不是一个傻子？当然不是。因为年轻人知道：坛子已经碎了，我即使停下来，回过头去，又能怎样呢？所以只有把它忘掉，专注往前走。聪明的人就是这样远离失败的。可是我们有些人只失败了一次，就坐在地上不肯重新站起来，觉得人生从此定局。

温馨提醒　失败是成功之母。

温馨提醒 → **失败是成功之母** ← 温馨提醒

人们都说失败是成功之母，可没有谁心甘情愿地接受失败。而事实呢，人这一生或多或少总要经历几次失败；所以说，失败并不可怕，可怕的是遇到失败后仍然没有变得聪明起来。现实是残酷的，现实正是由于残酷才变得精彩而美丽，只有在失败的砧铁上不断锤炼，才能锻造出铁的品质。正视现实，最重要的就是正视失败。

4

第四把成功创业砍刀，砍遇到困难不找方法的习惯

逆境能引领成功，方法能改变命运。

第四把成功创业砍刀，砍有困难不找方法

- 第四把成功创业砍刀，是指创业者在创业路上砍掉有困难只找借口，不想办法的习惯。养成不为困难找借口，只为成功想办法的一把创业砍刀。
- 这把创业砍刀实际上就是让创业者按照“智者遇到问题找方法，愚者遇到困难找借口”和“方法总比困难多”这一理念，引领创业者遇到困难、碰到问题，不是去找借口，而是千方百计地来研究解决问题或困难的思路和方法。
- 这把创业砍刀就是让创业者相信凡事都能找到办法来解决。因为，世上没有做不成的事，只有做不成事的人。只要用心想办法、用力去解决问题，就一定会把办法想出来、把事做成，否则一事无成。
- 有些人之所以不成功，就在于对困难的屈服，无端地将困难放大，把自己看轻。其实，问题或困难本身并不可怕，可怕的是遇到问题或困难不找方法，而找借口。
- 假如你通过找方法做了一件乃至几件让人佩服的事，你就能很快脱颖而出，并获取更多的发展机会。

第四把成功创业砍刀这一章节所提倡的理念有五种。这五种理念引领创业者只为成功找方法，不为失败找借口。也能让创业者从中了解掌握如下理念：“假如给我一个阿基米德，我就能为成功找到支

点”；“困境在哪里，机遇就在哪里，成功就在哪里”，“逆境比顺境，更能引领成功”。“智者遇到问题找方法，愚者遇到困难找理由”等。“方法能改变命运，方法能成就卓越”。方法为王，让问题迎刃而解。凡事都会有解决的方法，只要你去找、去研究，你定会找到解决问题的办法。

理念之一：若能给我“阿基米德”，我就能找到成功支点。“假如给我一个支点，我就能撬动地球”，这是阿基米德的豪言壮语；“假如给我一个阿基米德，我就能为他找到支点”，这是创业者的凌云壮志。今天，每一个成功创业者都是我们这个时代的“阿基米德”。

理念之二：方法改变命运，方法成就卓越、铸造成功。凡事都会有解决的方法，而且只要去找、去研究，总会有更好的方法。每个人都是好方法的创造者，每个人都能够做到用最佳的方法创造成功的良机。

理念之三：逆境比顺境，更能引领成功。逆境比顺境更能磨炼人的意志，激发人的潜能，引领人们成功。逆境可以磨炼一些人，也能毁灭一些人。逆境，对于强者，是成功的铺垫，对于弱者，则是深渊；学会从逆境中自救，只有自己才是拯救自己的上帝；逆境，往往是大家挖掘无限潜能的最佳机会。

理念之四：智者遇到问题找方法，愚者遇到困难找理由。在任何时候，问题总是许多人躲避责任和回避努力的第一个借口或理由。但是，智者总是崇尚“遇到问题找方法”的理念，善于找助力，方法一对，成功增倍；愚者所遵循的是“遇到困难找理由”的观念，习惯于找阻力，方法决定命运，方法不对，失败加倍。

理念之五：困境在哪里，机遇就在哪里，成功就在哪里。困境不是绝境，跨越便是机遇。机遇常常隐匿于荆棘之中，潜藏在困难背后，换句话说，当你战胜了困难，克服了障碍，机遇就会呈现在你的面前。

以上五种理念发人深省，仔细阅读，思考，就会让人洞穿其要义。这一章所倡导的理念，为大家解决问题寻找到一个有力的支点，“只要思想不滑坡，方法总比问题多”，只要找到了解决问题的支点，大家必将顺利破解创业中的各类问题，走向成功。

4.1 若能给我“阿基米德”，我就能找到成功支点

假如给我一个支点，我就能撬动地球

成功和胜利，永远属于会找方法的人

“假如给我一个支点，我就能撬动地球”，这是阿基米德的豪言壮语；“假如给我一个阿基米德，我就能为他找到支点”，这是成功创业者的凌云壮志。今天，每一个创业者都是我们这个时代的“阿基米德”。《蒙牛方法论》就是张治国为今天的“阿基米德”们奉上的“支点”。《蒙牛方法论》通过深刻、全面剖析蒙牛极速成长的要诀，力图整理出一套企业通用的制胜法则，为创业者和管理者提供撬动企业绩效的黄金“支点”。

假如给我阿基米德，我就能找到支点

若能给我“阿基米德”，我就能找到成功支点。古希腊伟大的数学家、力学家阿基米德曾经说过这样一句名言，“给我一个支点，我就能撬动地球”。这是在他说出这句话之后的2000多年中，整个人类沿着他的思路，借助各种各样的支点，事半功倍地完成了成千上万的使命，甚至到达了凭借自身力量难以到达的境界或高度。

人没有翅膀，却能创造出飞机圆自己上天的夙愿；人没有足够的精力，却能设计出计算机为自己计算步骤烦琐的数学题；人凭借双脚不可能1天之内从上海到达纽约，却能借助最先进的交通工具让梦想变成现实……

人类这些夙愿的实现都是因为人们找到了一个个足以撬动夙愿的支点。支点从力学领域逐渐渗透，很快就突破了自然科学的范畴，深入到社会生活领域，在人类的日常工作、生活、事业发展中大显身手。

人类的夙愿可以借助支点，每个人的愿望更是如此。世界上任何一个普通人，如果能找到一种可凭借的力量，找到一个支点，那么，5年成为亿万富翁，10年成为一国政要，少年成为著名作家，或者成为一夜红遍全球的明星，这些都将变得不再离奇。

这样的想法不是“白日梦”，也不是“空中楼阁”，而是即将实现的事实。因为，在每一个普通人的生命中，都存在着这样一个支点，

那就是方法。

若能给我“阿基米德”，我就能找到成功支点。再高寿的人，从一岁活起；再参天的树，从幼枝长起；再卓越的企业，从小字辈做起……有谁能想到，今天幼儿园里那些嘻嘻哈哈的孩子中，竟然有我们未来的国家元首？又有谁能想到，今天犄角旮旯里那些悄悄默默的企业中，会有未来的世界500强？做企业，规模小不是问题，资金少不是问题，市场窄不是问题，人手差不是问题……但如果你缺乏成功的方法与技巧，那么，一定会成大问题。

“假如给我一个支点，我就能撬动地球”，这是阿基米德的豪言壮语；“假如给我一个阿基米德，我就能为他找到支点”，这是张治国的凌云壮志。今天，每一个创业者都是我们这个时代的“阿基米德”，《蒙牛方法论》就是张治国为今天的“阿基米德”们奉上的“支点”。《蒙牛方法论》通过深刻、全面剖析蒙牛极速成长的要诀，力图整理出一套企业通用的制胜法则，为创业者和管理者提供撬动企业绩效的黄金“支点”。

世上没有办不成的事，只有不会办事的人。一个会办事的人，可以在纷繁复杂的环境中轻松自如地驾驭人生局面，凡事逢凶化吉，把不可能的事变为可能，最后达到自己的目的。会办事与不会办事之间的差别到底有多大？毫无疑问的是，这个世界上的一切都是给会办事的人准备的，如财富、地位、名誉和一切与幸福沾边的东西，都被社会上一把无形的尺子拨到了会办事的人的一边，而不会办事的人大都被置于对各种利益可望不可即的境地。

其实，会不会办事不是天生的，而是后天练习得到的。任何人所办过的任何一件事，其成功的过程都有借鉴的价值。一件事办不办得成，不是看你有多大的企盼和多大的热情，而是看你用什么方法、用什么技巧、用什么手段。人之所以失败，并非是不努力，只是力气花在错误的地方。成天只顾着“想做的”事情，至于“应该做的”却是一件也没做，改变必须从“应该做的”部分开始，你必须问自己：“现在这份工作，我应该做的是什么？”然后，再循序渐进地去做“能做的”以及“想做的”部分。从自我出发，依靠自己的力量，走出属于自己的一条路。

在工作中，如果我们遇到了难题，就应该坚持这样的原则：找方法，而不是找借口。成功者找方法，失败者找借口。方法总比困难多，100 个困难必有 101 个解决的方法，使你走向成功。

温馨提醒　古今成大事者，必有办事技巧。

温馨提醒 → **古今成大事者，必有办事技巧** ← 温馨提醒

古今成大事者，无不具备智慧的头脑，娴熟的办事技巧。愿读者朋友们通过本书更好地掌握办事的技巧，从而使自己在社会上获得名誉，在政治上取得地位，在经济上赚得财富，在事业上获得成功，在爱情上找到美满，在人生中找到幸福。

4.2　方法改变命运，方法成就卓越、铸造成功

方法改变命运，方法铸造成功 → **遇困难，多找方法，别找借口** ← 创方法文化，方法成就卓越

凡事都会有解决的方法，而且只要去找，总会有更好的方法。每个人都是好方法的创造者，每个人都能够做到用最佳的方法创造成功的良机。每个成功者，之所以成功，不仅仅是因为他的辛勤和汗水，更重要的就是凡事要讲方法，有策略。现在的时代已经不是只要肯出力就能做好工作的时代了。企业永远对那些主动寻找方法挑战困难的员工格外垂青，这样的人才是企业的“福音”。其实，天下没有解决不了的问题，只是暂时还没有找到方法而已。

方法改变命运，方法铸造成功。英国著名科学家达尔文曾说：“世界上最有价值的知识就是关于方法的知识。避开问题的最佳途径，就是运用方法将它消灭掉。”面对困难时，就需要勇气和理智，主动想办法解决。在解决问题的过程中，我们会不断征服困难，不断超越自我，不断尝试，不断更新，我们会体会到很多东西，学习到更多经验，观察精彩的世界，感受人生的价值。更重要的是我们能够真真切切地体验到这种精神。作为刚刚开始创业的创业者们，更需要这种精神：直面问

题，寻找方法，在自己的创业生涯中，把每一件事、每一项工作穷尽一切可能地做好，做到极致，做到完美。许多人会因此取得成功，也有人默默无名。无论前者还是后者，都可以说自己无愧于自己的工作。

方法成就卓越，成就成功。重视方法是每一位卓越、成功者的选择，卓越优秀的人一定是最重视方法的人。因为，他们懂得一个道理：凡事都会有解决的方法，而且只要去找、去研究，总会有更好的方法。每个人都是好方法的创造者，每个人都能够做到用最佳的方法创造成功的良机。每个成功者之所以成功，不仅仅是因为他的辛勤和汗水，更重要的就是凡事要讲方法、有策略，这样才能真正地把一件事做好。有很多人，他们也付出了很多心血和汗水，但还是没有成功，这就需要从自身做事的方法来找原因了。一个成功的人，必定是懂得寻找方法，而且是重视方法的人。

在工作中也是一样：一流人找方法，二流人找借口。找借口的人，是不会主动想办法解决问题的，哪怕有现成的办法摆在他面前，他也难以接受。在现实中，企业员工可以分为三种：一种是具有敬业精神并能找方法的员工，他们拥有智慧并乐于奉献智慧，毫无疑问，这类员工是卓越优秀的；二是敬业但缺乏方法的员工，他们能奉献汗水，这种员工企业老板需要，但不会有太大的发展；三是既不去找方法又不敬业的员工，他们什么也奉献不了，最终的结局只能是离开。

创建方法文化，方法文化是推动创业成功的灵魂与源泉。很多时候工作并不在于你怎么做，而是在于你想怎么做。一个善于用方法文化去创业的人，往往能找到解决问题的最好方法。这样的人必然是生活的强者和企业的骨干。心理学研究表明，在困难面前积极想办法的态度会激发我们的潜在智慧。为此，很多成功的企业家在遇到困难时，非常在意营造动脑筋、想办法的氛围。

当代企业的创业也是这样，总是问题和困难相伴。也正是在问题和困难的解决中，磨练出创业者的艰苦创业精神。罗曼·罗兰说得好：“只有历经无数困难的磨练，才能走向成功的顶峰。”

但在工作中，也常听到“实在没办法”、“一点办法也没有”的声音。一句“没办法”，似乎为自己找到了不做的理由，但也是一句

"没办法"，阻碍了我们前进的步伐。真的没办法吗？还是没有好好动脑筋想办法？想办法才会有办法，只有找方法才会有方法。遇到困难和问题时，主动找方法解决，而不是找借口回避，找理由为失败辩解。找借口回避和找理由为失败辩解只会加倍失败，只有找方法才会有成功，成功永远属于会找方法的人。

主动寻找方法，挑战一切问题。现代社会，很多人都在重复做着枯燥繁重的工作，过着单调无聊的生活，因此满怀怨言，情绪消极。其实，人生本来是美好的，我们也不必痛苦地生活在自怨自艾的阴影中。成功与否并不重要，心境高低也不重要，重要的是一种心态。只要拥有一个好的心态，即使遇到再大的问题和困难，都会有解决的办法。可以说，好的心态是解决问题的首要因素。

遇到问题，先战胜自己才是最重要的。战胜了自己的心魔，才能坦然地面对问题，积极地想方法，这样才能让问题得以圆满解决。面对问题要自信：自信的力量是无穷的，只要自信力量时刻坚持，方法总比问题多。勇敢面对问题，有一个积极的心态，这才是解决问题的最重要的因素。只有保持一个积极的心态才能做到：只为战胜找方法，不为问题找理由。因此，在生活中或工作中，不管遇到什么问题，首先要弄清根源，立即处理，绝不可拖延，更不能心生畏惧。遇到问题，应该马上解决，不能在心理上有压力。要克服自身的畏惧因素。不回避问题，而是抓住苗头，及时调查，追根溯源，找出解决问题的途径和办法，这样才能成为一个成功的创业者。

思路决定方法，创新破解困难。思路是实现人生转机的"金钥匙"，可以帮你避开人生中的一个个险滩。**要想有好的出路，必须先要有好的思路**，即对问题的清醒认识，对危机的灵敏反应，以及对状况的巧妙处理。在现实中，不管是家庭婚恋生活，就业或者创业，还是人与人之间的相处，都与思路密切相关。**思路创造出路，思路决定成败**。好主意、新思路，可以帮助人们照顾好自己的家人、亲戚，联络好自己的同事、朋友，处理好自己的创业。

不同的思路，决定着解决问题不同的方法。**思路决定方法，有方法才会成功**。所以，想要成功，就必须有好的方法。中国有句古话叫“劈柴不照纹，累死劈柴人”。意思就是说：如果你不按照木材的纹理来劈柴，而是毫无技巧地乱劈，那么结果只会是费力不出活，很多的付出换来很少的收获。方法不对，前面的路就很难走，甚至走进死胡同，走投无路。只有对的思路，好的方法，才会帮你拨云见日，指导你的行动向着成功的方向靠近，绕过艰难险阻，避开坎坷荆棘，顺利实现你的梦想。

感谢困难，面对挑战，坚持不懈冲向前。问题的出现，往往会给人们带来很多麻烦困难。一定意义上，问题也是困难的代名词。生物学家说：任何人在直接面对一个突如其来的困难的时候，都会产生一种本能的恐惧心理。那么，面对突如其来的问题时，怎样才能从恐惧中解放出来、培养真正的勇气呢？最有效的方法，莫过于强迫自己面对。我们之所以说事情艰难，往往是我们并没有尽到最大的努力！先别说难，先问自己是否竭尽了全力。有时，虽然我们说自己已经“尽力”了，实际上我们并没有把全部潜力发挥出来！从这个意义上讲，困难值得感谢。正是有困难的存在，才锻炼了我们的头脑和毅力，才增长了我们的知识和才干。遇到困难，先把“不可能”的戒律放一边，而只想自己是否完全尽力，是否想尽了一切办法、穷尽了一切可能。有了这样的信心和勇气，用我们的智慧去寻找方法，就没有战胜不了的困难，就没有解决不了的问题。也只有这样，才能在创业中取得成功，做出一片属于自己的天地。

温馨提醒　抛弃找借口之习，寻找解决问题之良策。

温馨提醒 → **抛弃找借口之习，寻找解决问题之良策** ← 温馨提醒

抛弃找借口的习惯，寻找解决问题之良策。要成为一个“不找借口找方法”的优秀员工，首先要有追求卓越、超越自我、做一流的员工、矢志不渝的追求，战胜困难、寻找方法、创造完美、创造经典；要有“干大事”的专注与执著，一种不达目的誓不罢休的恒心和毅力。

4.3 逆境比顺境，更能引领成功

逆境可以磨练强者，也能毁灭弱者

逆境比顺境更能引领成功

逆境可以磨练一些人，也能毁灭一些人。烈火试真金，逆境试强者；逆境给人宝贵的磨练机会。只有经得起环境考验的人，才能算是真正的强者。自古以来的伟人，大多是抱着不屈不挠的精神，从逆境中挣扎奋斗过来的，不因幸运而固步自封，不因厄运而一蹶不振。真正的强者，善于从顺境中找到阴影，从逆境中找到光亮，时时校准自己前进的目标。

逆境比顺境，更能引领成功

逆境比顺境更能磨练人的意志，激发人的潜能，引领人们成功。“宝剑锋从磨砺出，梅花香自苦寒来。”许多仁人志士身处逆境，矢志不渝，终成大器，靠的是百折不挠的精神。在逆境中，不是怨天尤人，而是勇于面对，在逆境中找到通向胜利彼岸的通道。古今中外，人难免遇到逆境。研究历史就会发现，有多少仁人志士的成功来自于挫折、逆境，在逆境中成才的人居多，在顺境中能够成才的人比较少。这个道理是很容易理解的。因为，处在逆境当中，就希望摆脱逆境，就会更加努力奋斗。在逆境中成才的例子不胜枚举。在中国古代，像左丘明、孙膑、司马迁等优秀人物都是在逆境之中锻炼出来的，而且都有杰出的成就：孔子周游列国宣扬“仁”政，到处碰壁，一生遭遇冷遇困境而不馁，晚年著《春秋》成为中华民族一圣人；孙膑因军事奇才而遭庞涓之忌，受膑刑，后装疯返回齐国，助齐王而大败魏军，以一部《孙子兵法》而为军事鼻祖；汉高祖刘邦与项羽争天下，屡战屡败，然屡败屡战，最终反败为胜，开创大汉王朝；俄国大科学家罗蒙诺索夫出生在北极圈内一个偏远穷困的小渔村终年出海打鱼，又遭受继母虐待，但是在困境中不甘命运安排，发奋苦学，勤于观察，多于思索终于成为一个大科学家；英国文学家狄更斯七岁其父因负债而入狱，母亲靠给人洗衣服维持生活，从小他不得不去鞋厂做工，饱受穷困忧患，但是遇逆境而不消沉，好学而上进，终成为英国杰出的现实主义作家；苏联大文豪高尔基，自幼家境贫穷，小时候靠捡破烂帮助家庭，靠着顽强不息的精神，成为一代名人；“另文王拘而演《周易》；屈原放逐，乃赋《离骚》；左丘失明，厥有《国语》；不韦迁蜀，世传《吕览》；韩非囚秦，《说难》、《孤愤》；《诗》三百篇，大底贤圣发愤之所为作也”……这些经天纬世之才，都是在逆境中成才，可以说没有逆境就没有他们的成就和辉煌。

逆境不是成才的必要条件。在顺境中，也有人仰慕的成功者，他们在成功之路上也无一不洒满了辛勤的汗水，留下了勤奋钻研、苦练的足迹。看看陈景润脚下成摞的草稿纸，再看看运动员脸上成串的汗水。他们在逆境与顺境中，之所以成才的原因是什么？他们的共同点在哪里？让我们来好好看一看：逆境中的强者，自强不息，凭着坚忍不拔的意志战胜一切困难；正如爱迪生所说“成功等于百分之一的灵感加上百分之九十九的汗水”。爱因斯坦所说“成功等于艰苦劳动，加正确方法，加少说空话”。不管附加的是什么，最主要的都是主观努力。

温馨提醒　逆境可以激励弱者，造就强者。

温馨提醒 → **逆境可以激励弱者，造就强者** ← 温馨提醒

逆境可以激励弱者，造就强者；逆境可以磨炼意志，笑对人生；逆境往往是黎明前的黑暗，跨越逆境，跨越困境，成功的朝霞就在眼前；超越自我，挑战极限，跨越逆境，走向成功，是成功者追求成功的轨迹；学会正视逆境、接受逆境并善待逆境，也许我们就能战胜自己；人可以被打倒，但不可以被打败；从困境走向辉煌，战胜逆境就是胜利。

温馨提醒　学会从失败或逆境中拯救自己，只有自己才能拯救自己。

温馨提醒 → **学会从失败或逆境中拯救自己** ← 温馨提醒

逆境不会将你打倒，打倒你的是你对待逆境的态度；逆境，对于强者，是成功的铺垫，对于弱者，则是深渊；学会从逆境中自救，只有自己才是拯救自己的上帝；逆境，往往是大家挖掘无限潜能的最佳机会；从逆境中发现并把握住机遇，就能变不利为有利。

温馨提醒　逆境比顺境更能引领成功。

温馨提醒 → **逆境比顺境更能引领成功** ← 温馨提醒

人的一生往往是在顺境和逆境的交替中向前演进。身处逆境之初，往往无所适从，如果不够坚强则会沉沦。因此，当身处顺境时，切莫得意忘形，因为顺境只是一时，不是一世；当身处逆境时，也勿悲观失望，因为只要勇于战胜逆境，顺境就在前面。无论是顺境还是逆境，对人生的作用都是双重的，关键是怎样去认识和对待它们，只要善于利用顺境，勇于正视逆境和战胜逆境，远大的人生目标就一定能够实现。

4.4　智者遇到问题找方法，愚者遇到困难找理由

智者用人之力之智 → **智者用人之力之智，愚者用己之力之智** ← 愚者用己之力之智

愚者用己之力之智，智者用人之力之智；优秀员工善于找助力，二流员工习惯找阻力；智者遇到问题找方法，愚者遇到困难找借口；如果你是智者，请你贡献智慧，找解决方法；如果你不是智者，请你贡献汗水，不要找借口；如果你两样都不贡献，只找借口，请你离开公司。

智者遇到问题找方法，愚者遇到困难找借口。在任何时候，遇到问题或困难总是持有两种态度的人：智者总是崇尚遇到问题找方法的理念，善于为自己找助力，走向成功；愚者崇尚遇到困难找借口思想，习惯为自己设置阻力，走向失败。作为一名卓越、优秀的创业者，应具备遇到问题或困难时，主动找方法解决的素质，而不是找借口回避责任，找理由为失败辩解。卓越、优秀的创业者不管走到哪里，都不会无功而返。

最成功的创业者，是最重视找方法的，他们相信凡事都会有办法来解决，而且是总有更好的办法。主动找方法解决问题的成功创业者，是职场中的稀缺资源。假如你通过找方法做了一件乃至几件让人佩服、翘大拇指的事，你就能很快脱颖而出，并获取更多的发展机会。

有些创业者之所以不成功，就在于对困难的屈服，无端地将困难放大，把自己看轻。其实，只要你努力去找方法，便越会找方法；越会找方法，就越能提高工作效率、创造更高的价值。这不仅提高了找方法的自信，而且还会积累到很多找方法的技巧。

如果说《没有任何借口》一书阐述的是一种工作态度的话，那么《方法总比问题多》一书无疑就是对《没有任何借口》的一种升华。作者认为仅有工作态度是不够的，工作不仅要正确地做事，还要做正确的事。毫无疑问，在大数情况下，“问题”总是成为愚者逃避责任、回避努力的第一借口。但是，如果要想成为一个出类拔萃、受人赞赏的、成功的创业者、智者，那就得直面“问题”，让找方法成为一种良好习惯。

让找方法成为一种良好习惯，这是一个极具建设性、创造性的理念。在《方法总比问题多》这本书中，围绕改变方法、成就自我做了很好的诠释。这本书不仅强化了员工不找借口的重要性，更告诉大家面对问题时如何去找方法、如何找到有效的方法，并把问题转变为机会。它引导我们要勇敢地去克服对问题的恐惧，让自己在团队中发挥作用，以方法克敌制胜。当遇到问题和困难时，关键是要主动去找方法解决，而不是找借口回避责任，为失败辩解。这一点，对我们在创业中能否成功和发展具有决定性的作用。

例如，二战后，刚成立的联合国因为没有合适的办公地点而发愁。这时，美国的石油大王洛克菲勒慷慨地将自己在纽约的一大片土地，无偿地捐给联合国。联合国的领导喜出望外，接受了这份馈赠，并对洛克菲勒表示了深深的谢意。难道洛克菲勒得到的仅仅是这些吗？当然不。早在给联合国捐赠之前，他就将所捐土地周围的一大片土地买下来了。当联合国的办公地址一选定，周围土地的价格立刻飞涨，除去所捐土地的成本，他还狠狠地赚了一大笔！换了一种思维，改变了一种方法，换来的是另一片崭新的天地，这就是找方法成为习惯的妙处。

《方法总比问题多》一书告诉我们，任何问题、困难都会有解决的方法，只要我们愿意去寻找，都能寻找到。从而驾轻就熟地处理遇到的各种困难，而收到的效果却是事半功倍。也许，我们面临的困难如沼泽遍布，荆棘丛生；也许，我们追求的风景只见山重水复，不见柳暗花明；也许，我们面对的是生活的窘迫困顿、失意连连；也许，……但是，只要我们努力找方法，并让找方法成为一种习惯，我们就可以迎来收获成功的那一天。

温馨提醒 逆向思考，决定眼界宽广。

温馨提醒 → **逆向思考，决定眼界宽广** ← 温馨提醒

成功者一向多做逆向思考。工作中遇到问题，一时找不到解决方法时，不妨多作逆向思考。成功者擅长用逆向思维拓宽眼界，探索解决问题的途径，很快找出问题的关键。成功者敢于想别人不敢想，经常能够化繁为简，达到出人意料的效果。

4.5 困境在哪里，机遇就在哪里，成功就在哪里

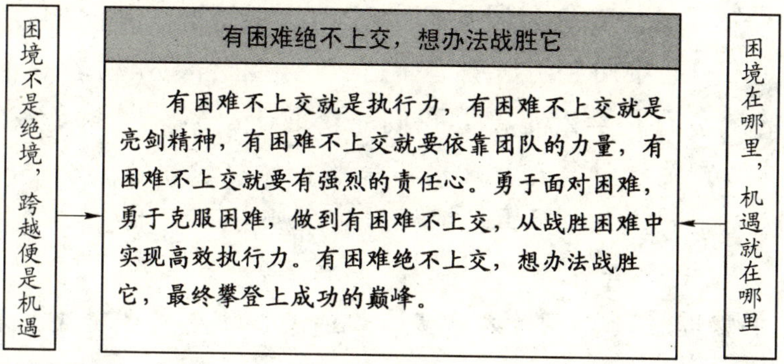

困境在哪里，机遇就在哪里，成功就在哪里。困境不是绝境，跨越便是机遇。机遇常常隐匿于荆棘之中，潜藏在困难背后。换句话说，当你战胜了困难，克服了障碍，机遇就会呈现在你的面前。在当今时代，改革创新的征程如荆棘丛生的山路，布满着许许多多的困难和障碍，尤其是大中型国有企业，由于多方面的原因，陷入困境的不在少数。然而，只要艰苦攀登、拼搏抗争，勇敢地面对困难，从困难中就可以抓住发展的机遇，就能创造辉煌的业绩。

有困难不上交就是执行力。安德鲁·罗文，美国陆军的一位年轻的中尉。当时美西战争爆发，美国总统麦金莱急需一名称职的特使去给加西亚将军送一封决定战争胜负的信。罗文先生接过信后，并没有任何豪言壮语，也没有发问和抱怨，甚至没有丝毫的犹豫，便踏上了充满危险的、生死未卜的旅程。面对艰难险阻，孤身一人的罗文先生完全可以编造出一千种理由、一万个借口，让自己远离危险。然而，罗文无所畏惧、不折不扣地将总统交给的任务圆满完成。

有困难不上交就是亮剑精神。什么是亮剑精神？电视连续剧《亮剑》的主人公李云龙说：“古代剑客和高手狭路相逢，假定这个对手是天下第一剑客，你明知不敌该怎么办？是转身逃走还是跪地求饶？当然不能退缩，要不你凭什么当剑客？这就对了，明知是个死，也要

宝剑出鞘，这叫亮剑，没这个勇气你就别当剑客。倒在对手剑下算不上丢脸，那叫虽败犹荣，要是不敢亮剑你以后就别在江湖上混啦。”创业工作千头万绪，难免会遇到各种各样的新情况、新问题、新困难，是攻坚克难、迎难而上还是绕道而行、退避三舍，是检验一个人能力和水平的试金石。李云龙告诉我们，要敢于亮剑。亮剑是一种勇气，是一种魄力，是一种气势，是永不言败、愈挫愈奋的执着，是无所畏惧、逆流而上的锐气，是勇挑重担，剑锋所指，所向披靡！

温馨提醒 困难在哪里，机遇就在哪里，成功就在哪里。

温馨提醒 → **困难在哪里，机遇就在哪里** ← 温馨提醒

如果真能换个角度看困难，那么困难对于强者来说，就是一个难得的机遇，困难在哪里，机遇就在哪里。因为，只要换过了角度，我们就会发现，每一个障碍或者困难，就是一个新的已知条件，只要愿意，它们都会成为一个超越自我的契机。所以，很多在困难中成长起来的人们，在回顾自己的过去时都会动情地说，我们真得感谢“困难”。

5

第五把成功创业砍刀，砍不忠诚、不敬业的行为

对工作要敬业，忠诚于企业。

第五把成功创业砍刀，砍不忠诚、不敬业

- 第五把成功创业砍刀，是指创业者在创业路上砍掉不忠诚、不敬业的思想行为，激起创业者对工作敬业，对企业有忠诚意识的一把成功创业砍刀。
- 砍不忠诚，就是砍掉创业者的不忠诚思想，养成忠诚于企业、勤奋于事业的高尚情操。忠诚乃做人之本，忠诚可以成就自己的梦想，放弃了忠诚，就等于放弃了自己的梦想，丢掉了忠诚，就等于丢掉了信任，有了忠诚，就能够成就自己的成功梦想。
- 砍不敬业，就是提醒创业者要勤勤恳恳、忠于职守，尽职尽责、兢兢业业做事。敬业成就了多少企业和成功者，敬业让企业的生命和创业者的前途更有力量和光明，敬业是责任的延伸和升华，不敬业则又毁掉了多少人，并走向了失败。
- 砍不忠诚、不敬业的思想行为，就是要我们创业者要有感恩于心， 忠诚于怀，责任于肩的心态， 感恩做人为金， 敬业做事为赢，感恩敬业做事，迈向成功之路。

第五把成功创业砍刀，主要砍不忠诚、不敬业的心态。这一章为创业者归纳提炼了四种理念，这四种理念可以引领创业者正确把握感恩做人为金，敬业做事为赢之内涵；感悟感恩、忠诚是一种境界，也是一种立业之柱，做人之本，丢掉感恩做人之金，就会丢掉成功之机会，抛弃敬业做事就等于抛弃发展空间之机遇。

理念之一：感恩做人为金，敬业做事为赢。感恩做人为金，敬业做事为赢，是创业者的成功规则，是创业者的成功之梯。感恩做人让你不可替代，敬业做事让你成就卓越；丢掉感恩做人之金，就会丢掉成功之机会，抛弃敬业做事就等于抛弃发展空间之机遇。

理念之二：感恩是做人之本，忠诚是立业之柱。感恩、忠诚是一种境界，也是一种做人之本、立业之柱。为什么企业总把重要的职位留给心怀感恩、忠诚的员工？为什么那些懂得感恩、忠诚的人总怀着激情而从没有借口？为什么学会了感恩、忠诚，就能成就事业和生命的高度？为什么感恩、忠诚的人总活得那么快乐，并受人尊敬？因为感恩是做人之本，忠诚是立业之柱。

理念之三：付出一份真诚，收获一份信任。忠诚是一条双行道，付出一份真诚，就会收获一份信任。忠诚于企业、忠诚于老板，也就是忠诚于自己；背叛企业、背叛老板，也就意味着背叛自己。放弃了忠诚，就等于放弃了成功；丢掉了忠诚，也就等于丢掉了信任，有了忠诚，就能够成就自己成功梦想。

理念之四：只有自己为企业创造财富，企业才会给自己财富。如果在生活中，若把“我能从朋友那里总想得到什么好处”作为自己的行为指导，其后果将失去朋友；同样若在企业里，总是以“公司能为自己做些什么，而不为公司着想”作为工作的出发点，那么很容易被别人取代，其后果就是，不可能获得发展机会，甚至会面临失业。

5.1 感恩做人为金，敬业做事为赢

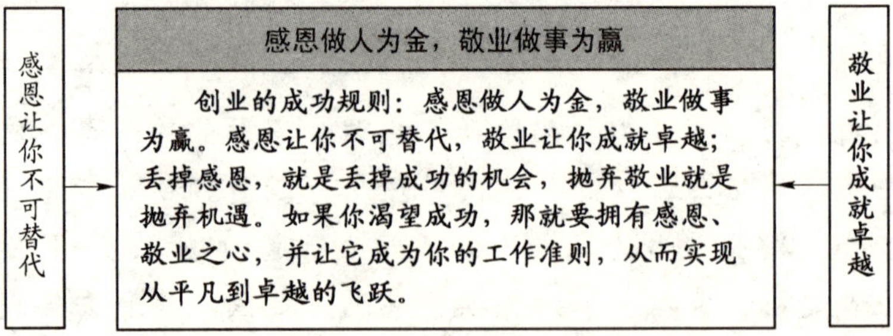

感恩做人为金，敬业做事为赢，这是创业者的成功之梯。只有将敬业与感恩真正融入你的血液，甚至融入你的灵魂中，你才能体会到感恩做人为金，敬业做事为赢的感觉。

感恩和敬业是一个人的成功之本，是通行职场的“绿卡”。感恩才会珍惜，敬业方能立业，感恩与敬业让你的能力得到最大限度的发挥。懂得感恩、乐于敬业的员工才是企业最需要的员工，最大的能力是敬业，最大的智慧是感恩。感恩是一种素养，敬业是卓越之本。会感恩，才能享受工作，用感恩引领敬业。抛弃敬业精神就是抛弃机遇，做到敬业，方能成就事业。感恩让你不可替代，敬业让你成就卓越。如果你渴望成功，那就要拥有感恩之心，并让它成为你的工作准则。在此基础上，逐步培养正确的工作态度，发扬真正的敬业精神。这样，平凡的工作也能做得有声有色，从而取得不凡的成就。人生最有意义的就是敬业，它能使我们平淡的生活得以充实，能让我们平凡的人生得以升华。如果你厌恶自己的工作，那世界上再也找不出比这更糟糕的事情了。用积极向上的敬业态度来对待工作，那么，无论从事哪个行业、做什么工作，都会取得意想不到的成就。

创业者在创业中要遵守一条规则，这就是感恩。感恩胜于能力，无论你工作上有多么出色，如果不能对企业或老板感恩，那你总有一天被企业淘汰。有这样一段话：有德有才，提拔用；有德无才，培养用；有才无德，慎重用；无德无才，不用。这是企业用人的准则，也是成功人士的秘诀。

感恩并不仅仅有利于公司和老板，对于个人来说感恩是丰富的人生。它是一种深刻的感受，能够增强个人的魅力，开启神奇的力量之门、发掘出无穷的智能。感恩也像其他受人欢迎的特质一样，是一种习惯和态度。

所以，千万不要忘了你身边的人、你的老板、你的同事，他们是了解你的、支持你的，你要亲口说出对他们的谢意，并用良好的工作回报他们。这样，不仅能得到他们更多的信任和支持，还能给公司带来强大的凝聚力，于你于公司都有益处，何乐而不为呢？

温馨提醒 感恩胜于能力，感恩胜于业绩。

温馨提醒 → **感恩胜于能力，感恩胜于业绩** ← 温馨提醒

创业者在创业中要遵守一条规则，这就是感恩，感恩胜于能力，感恩胜于业绩，无论你工作上有多么出色，如果不能对企业或老板感恩，那你总有一天被企业淘汰。有这样一段话：有德有才，提拔用；有德无才，培养用；有才无德，慎重用；无德无才，不任用。这是企业用人的准则，也是成功人士的秘诀。

5.2 感恩是做人之本，忠诚是立业之柱

感恩是做人之本，忠诚是立业之柱。为什么企业总把重要的职位留给心怀感恩、忠诚的员工？为什么那些懂得感恩、忠诚的人总怀着激情而从没有借口？为什么学会了感恩、忠诚，就能成就事业和生命的高度？为什么感恩、忠诚的人总活得那么快乐，并受人尊敬？因为感恩是做人之本，忠诚是立业之柱。

感恩是做人之本，忠诚是立业之柱 → **感恩是做人之本，忠诚是立业之柱** ← 感恩、忠诚是一种境界，一种向心力

如果说感恩是做人之本，那么忠诚是立业之柱，感恩、忠诚也是一种境界，一种向心力，一种向善力；如果这个社会少了感恩这棵树，那人性中善之果从何而来？因为感恩，乃做人之本；如果这个世界少了忠诚这湾泉水，那家之和业之立从何而来？因为忠诚，为立业之柱；如果这个星空少了责任这根指南针，那事之成国之兴从何而来？因为责任，是成功的必经之路。

英国作家萨克雷说过，生活是一面镜子，你笑它就笑，你哭它就哭。何不让我们播种感恩收获希望呢？一个懂得感恩的人，才能成就他生命和事业的高度。不要只认为员工的感恩对企业来说非常重要。

其实，员工对企业忠诚受益并不仅仅是企业，最大的受益者就是员工自己。因为，一种职业的责任感和对事业的忠诚一旦养成，就会让你成为一个值得别人信赖的人，可以被委以重任的人。对于我们来说，感恩首先意味着与公司同舟共济。如果企业是一条船，那么我们一双手就是一支桨，只有我们共同伸出双手，让千千万万支桨一起使劲，我们的航船才能劈波斩浪，勇往直前。

感恩——做人之本。感恩也是一种境界，一种向心力，一种向善力。一个有着感恩之心的员工，会把对公司的感激，转化为孜孜以求、兢兢业业、积极进取的实际行动。一个有着感恩心的员工，会常常关心他人，关心公司，关心社会，和公司同呼吸共命运。反之，一个不会感恩的员工，是一个极端自私的员工。

感激父母，因为他们给了你生命；感激老师，因为他们给了你知识；感激爱人，因为他们给你爱的力量；感激朋友，因为他们给了你帮助；甚至感激你的敌人，因为他们磨炼了你的意志，增加了你的智慧，宽广了你的心胸；感激公司，因为公司是你安身立命的地方。会感恩的员工是公司稳定和发展的基石；是公司增强凝聚力、提升竞争力的法宝。让我们在感恩中不断提升自己的修养与境界；让我们带着一种感恩的情感，感恩企业，回报社会。

忠诚——立业之柱。如果说感恩是做人之本，那么忠诚就是立业之柱。对事业忠诚，对职业钟爱，对信念坚守，对道德忠贞，才能造就自己“有所为有所不为”的工作态度。人人都希望成就事业，展现人生价值，特别是较优秀的人。但并不是所有的优秀人都能够成就优秀的事业。“危难见真情、日久见人心”。忠诚往往比智慧更重要，一旦缺失了忠诚，就好像一把双刃剑，伤害了自己，也损坏了企业。

忠诚是企业的福祉。员工只有忠诚于企业，才可能干成一番事业。有能力而不忠于企业，于企业何益，甚至有大害。能力不足却忠于企业，对企业至少不算坏事，因能力不足可以后天弥补，为人不忠却是后天弥补不过来的。所以说“忠诚”是比“能力”更为可贵的素养。要坚守忠诚，用心工作。要做到坚守忠诚，就必须把工作作为生命的重要组成部分，用心去感悟，用心去经营。忠诚不论是作为一种优秀的传统精神，还是作为现代企业的一种企业文化，都值得好好品味和坚决捍卫。

感恩、忠诚是一种当今社会普遍缺失的生活态度、生存智慧和品德素养，同时也是员工在职场生存发展的必备品质之一。感恩、忠诚是卓越的企业文化中不可或缺的一部分。优秀的员工应该有意识地培养自己对企业、领导、同事、朋友以及家人的感恩、忠诚之心。而对于困境、挫折如果能不灰心丧气，而是怀有感恩、忠诚的态度，则定能踏上成功和卓越的阶梯，在职业生涯中获得双赢乃至多赢的完美成果。

温馨提醒 感恩企业，回报社会。

温馨提醒 → **感恩企业，回报社会** ← 温馨提醒

感激父母，因为他们给了你生命；感激老师，因为他们给了你知识；感激爱人，因为他们给了你爱的力量；感激朋友，因为他们给了你帮助；甚至感激你的敌人，因为他们磨炼了你的意志，增加了你的智慧，宽广了你的心胸；感激公司，因为公司是你安身立命的地方。

5.3 忠诚赢得老板的信任，成就自己梦想

忠诚赢得老板的信任，成就自己的梦想 → **忠诚赢得老板的信任，成就自己梦想** ← 背叛企业背叛老板，就意味着背叛自己

忠于公司、忠于老板，也就是忠于自己；背叛公司、背叛老板，也就意味着背叛自己。一个成功学家说：“如果你是忠诚的，你就是成功的。”一个不忠诚的员工即使才华横溢也不会成功，因为他无法得到老板的信任。忠诚是一条双行道，付出一份真诚，你将收获一份信任。不管你的能力是强是弱，一定要具备忠诚的品德。只要你真正表现出对公司的忠诚，你就能得到老板的信任。他也会乐意在你身上投资，给你培训的机会，从而提高你的能力，因为他认为你是值得他信赖和培养的。

忠诚赢得老板的信任，成就自己梦想。古往今来，没有任何一个老板会喜欢一个有异心的员工。无论你的能力多么优秀，无论你的智慧多么超群，如果你缺乏忠诚，那就没有任何人会放心地把重要的事情交给你去做，没有任何人会让你成为公司的核心力量。因为，一个精明干练的员工，一旦生有异心，他的能力发挥得越充分，可能对老板和公司利益的损害就越大。更多的时候，老板乐意提拔那些具有忠诚品质的员工，对那些三天两头喊着另寻高枝的人则会毫不留情地“打入冷宫”。

忠诚是老板的需要，是公司的需要，是上司的需要，是同事的需要，但更是你自己的需要，你得靠忠诚立身于社会，在剧烈的竞争中取得一席之地。忠诚，就是尽心尽力、忠于人、勤于事的奉献情操，它是一种发自内心，饱含着付出、负责甚至牺牲的精神。

当今企业并不缺乏有能力的人，而是缺乏有能力且忠于职守、忠于企业老板的人。忠诚是员工立身之本，如果一个人失去了忠诚，就等于失去了老板的信任。从某种意义上讲，一个人放弃了忠诚，就等于放弃了成功。员工的忠诚贵在执行，不在于空喊口号，忠于企业的员工会以优秀的工作成果来证明自己，绝不会为了个人的利益而牺牲公司的利益。忠诚于企业的员工，在任何条件、任何环境下都不会出卖公司；企业在任何条件、任何环境下都不会背叛自己的员工。

忠诚度决定了一个员工在公司的地位，以及受到老板重用的可能性。大家都知道在任何企业里，都有一个无形的“同心圆”。圆心是老板，不同程度忠诚于老板或公司的人，分布于离“圆心”不同远近的外圆上。忠诚度越高的人，离“圆心”越近，而忠诚度越低的人，则离“圆心”越远。这个同心圆之所以是无形的，是因为它不是由有形的组织或职位来决定一个人和老板的距离远近，而是由看不见的忠诚度来决定的。离老板越近的人，不一定是公司的高层主管，离老板越远的人，也不一定是公司最基层的职员。

忠诚可以获得重托和尊重。你会因为自己的忠诚赢得老板的信任，老板会因你的忠诚把你当做朋友看待，关键的时候会把重要的事托付给你。对事业的忠诚还能够赢得朋友的高度评价，甚至能够赢得竞争对手的尊敬。这样，你就能够在工作上、生活上、事业上为自己打造一片阳光地带，使自己的人生永远充满灿烂和辉煌。

温馨提醒　忠于企业，实现人生价值。

温馨提醒 → **忠于企业，实现人生价值** ← 温馨提醒

企业就是每位员工的船，每位员工应要让这条船成为自己展示才华、实现人生价值的平台，同时每位员工也应对这条船忠诚、负责。只有船上的所有员工踏踏实实付出，船才能一帆风顺地驶向胜利的彼岸，员工的事业才会捷报频传。只有真正懂得付出的员工才能最终得到丰厚的回报，只有勇于承担责任、乐于奉献的员工才能感受到胜利的喜悦。

5.4　我为企业，企业也在为我

你为企业创造财富 → **我为企业，企业也在为我** ← 企业才会给你财富

只有你为企业创造财富，企业才会给你财富；只有你为企业打造空间，企业才会给你空间；只有你为企业打造机会，企业才会给你机会。不仅要努力做事，更要做成事；不仅要有苦劳，更要有功劳。

我为企业，企业也在为我，这是企业与员工共同秉承的基本准则。约翰·肯尼迪总统的就职演说里有一句经典名言："不要问你的国家能为你做些什么，而应该问你能为国家做些什么。"这句经典名言同样是我们在职场乃至生活中获得成功的基本准则。在企业里，如果不想被别人替代，我们就有必要经常问自己："不要问我们的公司和老板能为我们做些什么，而应该问我们能为公司和老板做些什么。"肯尼迪总统的经典名言道出了许多人没能获得成功的根本原因。因为，在现实生活和工作中，大多数人更关心自己的利益，关心自己能否获得足够的支持和帮助。在职场中，也很少有员工会问自己："我能为公司提供什

么，我能为同事做点什么，我能为下属做点什么。”甚至在家庭里和在朋友间相处时，也没有多少人会问自己“我能为他们做点什么呢”。很多人错误地认为，从别人那里获得是很合情合理的。如果在生活中，我们把“我能从朋友那里得到什么好处”作为自己的行为指导，后果是失去了好朋友。然而，若我们在公司里工作时，总是用“公司能为我提供些什么好处”作为做事的出发点，那么我们是很容易被别人取代的，其后果就是，我们将面临失业。

要想让自己不被别人替代，我们应该为我们的公司和老板提供“物超所值”的价值和服务。我们必须清楚，我们需要“顾客”远超过“顾客”需要我们。在职场里，我们要学会站在老板和公司的立场上去考虑，经常问自己：“我能为他们做点什么呢？”这样我们就会自发去干工作，而不是让工作赶着我们，从而为自己带来更高的工作效率和更愉快的工作环境。那些经常问自己“我能为公司和老板做些什么”，并在工作中切实付出的员工，根本不用担心没有发展和获得回报的机会，更不用担心失业。经常问自己“我能为公司做些什么呢？”就是在思考正确的问题和做正确的事。整天考虑着“公司能为我做些什么，老板会提供给我什么”的职员，根本不可能获得发展机会，甚至会丢掉工作。其实，有这种想法的员工，完全可以设身处地换一种角色来思考，把自己想象成为公司的老板，当看到员工这样的表现、了解到员工那样的想法时，你会作何种感想呢？

没有做出令老板满意的工作，老板却继续留用我们时，我们应该感谢老板，因为他给了我们改正的机会。“不要问公司能为你做些什么，而应该问你能为公司做些什么”，当我们真的这样做了之后，我们会发现，给予他人的越多，我们获得的就越多，我们被别人替代的几率将会越来越低。

温馨提醒　**把公司的事当成自己的事。**

温馨提醒 → **把公司的事当成自己的事** ← 温馨提醒

在日常工作中，不要问公司给了你什么，而要问你给公司创造了什么；不要时刻想着自己被老板剥削了多少，而应该想想自己为公司创造了多少价值；不要时刻想着自己是在为老板打工，而应该时刻把自己当成公司的主人，把公司的事当成自己的事来做，你的工作会更有价值，你的生命会更有意义。

5.5 敬业是谋生之路，忠诚是立足之本

敬业是谋生之路 → **敬业是谋生之路，忠诚是立足之本** ← 忠诚是立足之本

忠诚乃为人之本，是走向成功的财富。忠诚是责任，敬业是准则。要做人做事，离不开责任和准则，同时离不开忠诚和敬业。忠诚是做人的态度，敬业是做事的准则。只有端正了做人的态度，把握好做事的准则才能步入创业的人生轨迹。

敬业做事，忠诚企业，这是当今卓越员工做事的法则。如今流行一句话："要想做事，必须先学会做人。"要做人做事，离不开责任和准则，同时离不开忠诚和敬业。忠诚是做人的态度，敬业是做事的准则。只有端正了做人的态度，把握好做事的准则才能步入创业的人生轨迹。

忠诚是一种责任，是操守，是做人的一种品格，更是必须达到的崇高境界。只有责任心，具备高贵品格的人，才会有人喜欢你，接受你，爱戴你，尊敬你，给你生存的空间，给你发展的机会。

敬业，要求你必须崇高你从事的职业，以满腔的工作热忱，严谨的工作态度，真正做到一丝不苟，按质按量完成各项工作任务。现实中，我们中间的大部分人，也许都是做小事的人。但是，我们每天，每时每刻把一些小事做好做得完美，那么我们也就成就了大事，做了了不得的大事。也是我们对敬业精神的完美诠释。

忠诚是我们的立足之本，敬业是我们的谋生之路。在生命的行程中，在未来的日子里，把握今天，关注明天，做人做事是一个严肃的话题。为了谋求生存，并不断提高生存质量，去拼去搏，去追求，去奋斗一个个人生目标。忠诚是我们的立足之本，敬业是我们的谋生之路。只有把忠诚当责任，敬业做准则，才能达到我们所要追求的目标。

有这样一个故事：有一天一个替人割草的男孩打电话给布朗太太："您需不需要割草？"布朗太太："不需要，我有割草工了。"男孩又问："我会帮您拔掉草丛中的杂草。"布朗太太："我的割草工已经做了。"男孩再问："我会帮您把草与走道的四周割齐。"布朗太太："我请的那割草工也已经做了，谢谢你，我不需要新的割草工了。"男孩便挂了电话。此时，男孩的室友问他："你不就在布朗家割草打工吗？"男孩说："我只是想知道我究竟做得好不好。"

割草的男孩这则故事的主要寓意：一个卓越优秀的员工，要经常听听大家对自己的评价，也要勤与上下级沟通，才能够了解到自己的工作做得是否优秀，你才有可能知道自己的长处和短处。从而才能有针对性地发扬长处，改正缺点，使自己工作才能做到最好，才能让自己不可替代。

温馨提醒　敬业做事，忠诚企业。

温馨提醒 → **敬业做事，忠诚企业** ← 温馨提醒

拿破仑说过："不想当将军的士兵不是好士兵。"同样，在老板看来，不想当老板的职员也不会是好职员。老板喜欢和自己一样对待工作的职员，喜欢敬业负责的职员。这样的员工不仅是老板事业上的合伙人，而且也是工作中追求卓越，不断超越老板期望，忠诚敬业，最具领导潜质的员工。

5.6 忠诚铸造成功，业绩成就卓越

既要忠诚，也要有业绩 → **忠诚铸造成功，业绩成就卓越** ← 忠诚也需要业绩来支撑

既要忠诚，也要有业绩，忠诚铸造成功，业绩成就卓越。忠诚，是要用业绩来证明的，而不是口头上的效忠，而业绩又是要靠能力去创造的。如果你只是懂得忠诚，毫无业绩可言，你仍得不到重用。因为，企业老板既看重忠诚，也看重业绩，甘愿舍弃有忠诚无业绩的你，留下忠心且业绩突出的员工。

忠诚铸造成功，业绩成就卓越。**既要忠诚，也要有业绩**。忠诚也需要业绩来支撑，并不是对忠诚的否定。一个只有忠诚而无能力的人，是无用之人。忠诚，是要用业绩来证明的，而不是口头上的效忠，而业绩又是要靠能力去创造的。比如一个人天天跪在你面前表示忠诚于你，却不肯为你做一点事，你需要这种“忠诚”吗？你愿意因为他“忠诚”而把他养起来吗？有不少人经常这样抱怨：“我在公司这么多年了，没有功劳也有苦劳啊？怎么这么久还没有被提拔，薪水没有得到增加呢？”还有不少人认为，作为一名员工，忠实可靠、尽职尽责地完成老板分配的任务就可以了。如果你这么想的话，那就大错特错了。忠诚是根本，但不是全部。根本与全部之间是有一段距离的，做好了基本的事情并不等于一定就能达到最好。你如果想在公司里获得更大的发展，不仅要对公司忠诚，而且还要为公司创造突出的业绩。

对公司忠诚是员工秉承的理念，但并不意味着忠诚就会成为一名卓越的员工。所谓“在商言商”，公司不是慈善机构，公司最主要的目的是赢利，使企业越做越大、越做越强，这是关键。公司雇佣你就是为了达到这一目的，但要达到这一目的，除忠诚以外，更大程度上还需要你做好业绩，创造出更多有利于公司的价值。

当今世界，既要忠诚，也要有突出业绩的员工才是最受公司领导器重的员工。如果你在工作的每一阶段，总能创造突出的业绩，公司领导和同事都会对你刮目相看。你将会被公司领导大力提拔，

并会被委以重任。因为，出色的业绩已使你变成一位不可取代的重要人物。如果你只是懂得忠诚，毫无业绩可言，你在公司也仍然得不到重用，因为公司领导只会重用既忠诚又有业绩的人。更进一步讲，迫于市场竞争的压力，再有耐心的公司领导也绝难容忍一个长期无业绩的员工。所以，抱有“我尽忠职守，不浪费公司资源”观念的员工，是最愚蠢不过的了。到那个时候，即使你忠贞不贰，永不变心，公司领导也会变心，甘愿舍弃有忠诚无业绩的你，留下忠心且业绩突出的员工。因为，企业要想长期发展，仅仅依靠员工的忠诚是不够的。一家成功卓越的公司背后，必有一大批能力卓越、忠心耿耿且业绩突出的员工。没有这些员工，公司的辉煌事业将无法继续下去。所以，企业老板既看重忠诚，也看重业绩，这是无可厚非的事情。

案　例： 有一位职业演讲家曾聘用两名年轻女孩当助手，替他拆阅、分类信件等。两个女孩均对演讲家忠心耿耿。但其中一个虽忠心有余，却粗心、懒惰，能力不足，就连分内之事也做不好，结果被解雇了。另外一个女孩却常不计报酬地做一些并非自己分内的工作。例如，替工作繁忙的演讲家给客户回信等。她认真研究这位演讲家的演讲语言风格，以至于这些回信和演讲家自己写的一样好，有时甚至更好。她一直坚持这样做，并不在意演讲家是否注意到自己的努力。终于有一天，这位演讲家的秘书因故辞职，在挑选合适人选时，演讲家自然而然地想到了这个女孩。这位女孩能力如此出众，引起了更多人的关注，其他公司纷纷提供更好的职位邀请她加盟。为了挽留她，这位演讲家多次提高她的薪水，与最初当一名普通助手时相比，已经高出了4倍。尽管如此，演讲家仍深感其“物有所值”，其出色的业绩远非提高4倍的薪水所能匹配的。

温馨提醒

付出一份忠诚，将获双倍的收获；忠诚和业绩，老板最看重。

温馨提醒

付出一份忠诚，获得双倍收获	忠诚和业绩，老板最看重
忠诚是人类最重要的美德，忠诚是无价之宝；忠诚是一条双行道，付出一磅的忠诚，你将获得双倍的收获。那些忠诚于企业、忠诚于老板又有良好业绩的员工，都是企业重视、老板重用的员工。这种忠诚会显现出它更大的价值，能与企业同舟共济的员工，他的忠诚会让他达到我们想象不到的高度。	你千万不要以为自己有了忠诚，获得了老板的认可，就有理由保证自己不被列入裁员的名单中。仅靠忠诚获得老板的欢心，只能是短暂的。只有忠诚和出色的业绩，才是老板最看重的，才是你在公司立于不败之地的真正王牌。

温馨提醒

6

第六把成功创业砍刀，砍不为企业着想的心态

为企业着想，成就自己的梦想。

第六把成功创业砍刀，砍不为企业着想

- 第六把成功创业砍刀，是指创业者在创业路上砍掉不为企业着想的心态，引领创业者为企业着想，成就自己梦想的一把成功创业砍刀。
- 这把创业砍刀实际上是告诫创业者不要事事、处处只为自己着想，要像老板一样为企业着想，为企业思考，赢得老板的信赖，成就自己的梦想。
- 这把创业砍刀是教育创业者不要以不平衡的心态对待自己的工作，要以老板的心态对待企业，就会成为一个值得老板信赖的人；获得发展机会。
- 这把成功创业砍刀就是提醒创业者在创业路上对待工作不要采取“不求无功，只求无过”的做事心态，要将身心全部融入公司、融入企业，投入忠诚，履行责任，成为一名企业最需要或不可替代的人，让老板视自己为公司栋梁之人才，让自己在职业生涯或在创业中立于不败之地。

第六把成功创业砍刀这一章为创业者归纳提炼了五种理念，这五种成功理念可以引领创业者像老板一样为企业着想、思考；以老板的心态诚信做事；以老板的心态融入企业；站在老板角度思考，站在员工角度做事，赢得老板的信赖，成就自己的梦想。

理念之一：像老板一样为企业着想、思考，成就自己梦想。像老板一样思考，获得老板的信赖，脱颖而出。像老板一样思考、着想是对

员工能力的一个较高层次的要求，它要求员工站在老板的立场和角度上思考、行动，把公司的问题当成自己的问题来思考、着想。它不仅是员工个人能力提升的重要准则，而且也是提高企业工作绩效的关键。

理念之二：以老板的心态诚信做事，赢得老板信赖。诚信是金，诚信做事为赢。以老板的心态诚信做事，做一个老板值得信赖的人。只有依靠诚信才能够把握发展的机会，赢得事业的成功。诚实做人，相信真诚不败的，走到哪儿都是真理，没有真诚就没有收获。

理念之三："站在老板角度思考，站在员工角度做事"。只有"站在老板角度思考，站在员工角度做事"，才能像老板一样思考，像老板一样行动。你才具备了老板的素质，你才会去考虑企业的发展，考虑企业的成长，你才会感觉到企业的事情就是自己的事情。只要像老板那样执著，像老板那样奉献，你尽管现在不是老板，但你已具备了老板的素质和能力，只要你想，你总有一天会成为名副其实的成功的老板。

理念之四：做老板或上司最离不开的人，成为不可替代。"不要问你的国家能为你做些什么，而应该问你能为国家做些什么"。我们也要经常问自己："不要问企业老板和上司能为我们做些什么，而应该问能为企业老板和上司做些什么。"要想让自己不被淘汰，我们应该为自己的企业老板和上司提供"物超所值"的价值和服务，做老板或上司最离不开的人，成为不可替代。

理念之五：以老板的心态融入企业，让梦想成真。以老板的心态对待企业，你就会成为一个值得信赖的人，一个可能成为老板得力助手的人。成就老板，就是成就自己；成就上级，就是成就自己的梦想。

6.1 像老板一样为企业着想，成就自己梦想

像老板一样为企业着想、思考，成就自己梦想。像老板一样思考、着想是对员工能力的一个较高层次的要求，它要求员工站在老板的立场和角度上思考、行动，把公司的问题当成自己的问题来思考、着想。它不仅是员工个人能力提升的重要准则，而且也是提高企业工作绩效的关键。

像老板一样为企业着想，成就自己梦想

像老板一样为企业着想，成就梦想

职场中，很多人困惑不断：如何才能获得老板的青睐，得到上司的认可？如何才能让自己的事业有更大的突破？他们总是从自己的工作能力上找原因，却从没有考虑过自己是否有“为公司着想”的精神。作为一名卓越的职业人，更应像老板那样为公司着想，替老板分担忧愁。视工作为己任，全力为企业着想，为企业效力。

从公司老板的角度出发，你就会成为一名值得老板信赖的人，一名不可或缺的人，一个可能拥有自己事业的人。一个将公司视为己有并尽职尽责完成工作的人，才是老板真正器重的人，是终将会获得成功的人。

从老板角度出发，成为不可或缺的人

像老板一样为企业着想、思考，成就自己的梦想。学习老板，当然首先要学习老板的思考方式，你不觉得吗？你和老板最大的不同是你们看问题的角度不同，你的出发点是一个员工，而他是作为一个老板看问题。就像同一片星空，海员寻找的是方向，诗人寻找的是浪漫，占星师寻找的是吉凶。星空还是那个星空，却因为人的不同出现不同结果。你和老板的差距就在这里，你们看的是同一件事情，却看出了不同结果，那是因为你没有像老板一样思考。所以，首先，你要学会老板的思维方式，像老板那样地思考。

成功企业家辉煌的背后，往往有着不为人知的辛酸和血泪，也有着其独到的创业经验和思维方式。我们需要明确一个问题：你的老板为什么会成为老板？撇开他的外部条件，他身上有没有你值得学习的地方？他身上的什么素质是你缺乏的？要想创业，我们首先应该通过这些例子，找到自己和“老板”在心理和意志等方面的差距，有意识地磨炼自己。同时，通过比较，充分了解自己距离一个老板到底有多大的差距。毕竟，每一个成功的创业者都是白手起家，一步一步走出来的，为什么有的人就可以功成名就，有的人依然一无所有，其中的差距究竟在哪里？这也是我们要在自己身上寻找和比较的。

那么怎么样才能成为一个像老板一样为公司着想的员工，成就自己的梦想呢？有一个最简单的方法就是：经常在老板身旁实际体验。接近老板，试着了解老板每日处理一些什么样的事务，解决什么样的问题。你自然就能拥有如老板般的为公司着想的责任感了，也能了解公司现在的状况及问题，进而努力工作为了能让公司更好！

在职场中，很多人困惑不断：如何才能获得老板的青睐，得到上司的认可？如何才能让自己的事业有更大的突破？他们总是从自己的工作能力上找原因，却从没有考虑过自己是否有“为公司着想”的精神。他们抱怨自己不够勤奋、不够努力，其实，工作能力只是一个方面。作为一名优秀的职业人，更应该具备积极主动的职业精神，像老板那样为公司着想，热爱工作，热爱公司，积极地处理公司事务，替老板分担忧愁。视工作为己任，全力以赴。事事为企业着想，处处为企业效力，自觉为企业的发展贡献自己的全部智慧和力量。能够为公司着想的人，具有“企兴我荣，企衰我耻”的意识，他们总是站在公司的角度考虑问题，以公司利益为重，这样的人才算是一名真正优秀的职业人，也是老板最青睐的员工，不久将来就会实现自己的梦想。

温馨提醒 **像老板一样思考，获得老板的信赖，脱颖而出。**

温馨提醒

像老板一样思考，获得老板的信赖	
像老板一样为公司着想是一种工作态度，它代表了积极主动、敬业、勤奋等优秀职业精神。这种精神正是作为一个优秀员工所具备的品质。一个时时处处为公司着想的员工才是企业最需要的员工，才是真正优秀的员工，更是能够获得成功的员工。	当你以老板的角度思考问题时，应该对你的工作态度、工作方式以及工作成果，提出更高的要求，只要你深入思考，积极行动，那么你所获得的评价一定也会提高，你很快就会脱颖而出。

温馨提醒

6.2 以老板的心态诚信做事，赢得老板信赖

只有依靠诚信才能够把握发展的机会 →

以老板心态诚信做事，做值得老板信赖的人

以老板的心态诚信做事，做一个值得老板信赖的人，诚信是一盏明灯，当我们徘徊在真理前方时，对诚信的信仰可以引导我们走向辉煌；诚信是一根拐杖，当我们摔倒在利益面前时，对诚信的信仰可以助我们在荆棘丛中无畏前行；诚信是一盆清水，当我们被富贵所蒙蔽时，对诚信的信仰可以助我们洗净污垢，净化心灵。只有依靠诚信才能够把握发展的机会，赢得事业的成功。让我们呼唤诚信的春风吹绿每一个人的心田，让诚信为我们的心灵共同撑起一片纯净的天空。

← 诚信做事，做一个值得老板信赖的人

以老板的心态诚信做事，做一个值得老板信赖的人。中国有句古话："诚信是金。"说的是做人讲诚信，就像金子一样宝贵。大家可能都听说过这样一个故事：中国古代有一位国王，他发给国内每个孩子一粒花的种子，并承诺谁能种出最美丽的花，就选谁当王位继承人。评选时间到了，很多孩子都端来了漂亮的鲜花，只有一个男孩端着空无一物的花盆前来。最后，他被选中了。原来孩子们得到的种子都是已炒熟的，根本不可能发芽。这次测试实际上不是为了发现最好的花匠，而是要选出最诚实守信的孩子。那小男孩以他的纯真诚实赢得了老国王的信任。正是他诚实做人，诚信做事的品质让他走上了宽阔光明的人生大道。其实，人生也是一只"花瓶"，希望是"种子"，汗水是"耕耘"，它的内质就是信用、诚实，这是每个人都应该具备的品质。而生活，就像一场场无形的考试，一次次考察你是否懂得应该怎样做人，每个人的言行表现都在为自己的人生答卷打分。

孔子曾说："人而无信，不知其可也。"就是说诚信是为人处世的根本，是成就事业的根基。它是人生最基本的素质与道德要求，是人与人之间关系得以维系的准绳，是我们正立大地之间的脚下基石。和诚实的人交往会给人一种安全感，不必处处设防。如果我们走入了诚信的沼泽，那么看似平坦的草地，可能就是泥潭；看似坚实的大道，可能就有陷阱；看似美丽的鲜花，可能布满毒刺，这就

是失去诚信的世界。诚信对于我们的生活，如同阳光、空气、水一样重要。近年来，“诚信”一词频频出现在报纸、杂志、电视等媒体上，甚至连高考作文里都有诚信的身影。在现代文明社会中，诚信应当是公民的觉悟和品德。无论是一个人、一所学校、一个企业，还是一个国家，只有依靠诚信才能够把握发展的机会，赢得事业的成功。

“积跬步以致远”，“诚实做人，诚信做事，精益求精”。每个人都有他做人的基本原则，事出有因，生而有道。只要按着原则行事，大都能做到安身立命。原则人人不同，或者随着时间、环境的改变而改变，适者生存。

生命会因诚实而闪光，生活会因真诚而充实。我认为不去有意坑害别人，不去排挤和攻击别人，始终与人为善，是我做人的准则。管你立有鸿鹄之志，还是自甘偏安一隅，都不能丧失做人最起码的准则，那就是诚实。

我相信，一个始终以诚相待、真诚付出、诚实守信的人，是永远不会被社会、被他人拒绝的。人有时或许会因为诚实而遭人讥笑，受人欺辱，利益有损，但时间会证明一切，善良真诚的人会有好报的。我们被这个物欲横流的时代所包围困扰，人人都希望获得财富与荣耀，只要不损害别人的利益，只要符合法律和社会规范，人人都有追求和享受的权利。但有的人过分追求蝇头小利，有的人贪图一时享受而背信弃义，甚至唯利是图、坑蒙拐骗，这种人即使不受法律的制裁，也会遭到历史的唾弃。

诚实做人，相信真诚不败的，走到哪儿都是真理，没有真诚就没有收获。我不完美，可是我很真实。我不多情，可是我懂得珍惜，喜欢岁月漂洗过后的颜色，喜欢沉淀下来的一份情感。因为陌生，所以勇敢；因为距离，所以美丽。真正真诚地面对你，我的朋友！我相信只有真诚的相处朋友才能越处越真。“一滴水能折射出太阳的光辉”、“一粒沙子就是一个世界”。我相信真诚能感动上帝，上帝也会保佑每一个诚实的人！

总之，诚信是一盏明灯，当我们徘徊在真理前方时，对诚信的信仰可以引导我们走向辉煌；诚信是一根拐杖，当我们摔倒在利益面前时，对诚信的信仰可以助我们在荆棘丛中无畏前行；诚信是一盆清水，当我们被浮华所蒙蔽时，对诚信的信仰可以助我们洗净污垢，净化心灵。诚信是生命色彩中最基本的色彩，是生活中不可或缺的太阳。让我们呼唤诚信的春风吹绿每一个人的心田，让诚信为我们的心灵共同撑起一片纯净的天空。

温馨提醒　**像老板一样敬业、诚信于老板。**

温馨提醒 →

像老板一样敬业、诚信于老板	
积跬步以致远，诚实做人，诚信做事。每个人都有做人的基本原则，只要按照原则行事，大都能做到安身立命。原则人人不同，或者随着时间、环境的改变而改变，适者生存。生命会因诚实而闪光，生活会因真诚而充实。	对创业者来说，需要有诚信做人、诚信立业之素质。诚信于老板是创业者的生命线，不守诚信，或许赢一时之利，但一定不会得长久之利。对创业者而言，从开始创业时起，就应把诚信作为自己的信条。

← 温馨提醒

6.3　站在老板角度思考，站在员工角度做事

站在老板或上司的角度思考 →

站在老板角度思考，站在员工角度做事
站在老板角度思考，站在员工角度做事，是一种新的思考方式，只有把老板的事当成自己的事，才能站在老板角度思考，像老板一样行动。你才具备了老板的素质，你才会去考虑企业的发展，考虑企业的成长，你才会感觉到企业的事情就是自己的事情，你才知道什么是自己应该去做的，什么是自己不应该做的。

← 站在员工或下属的角度做事

“站在老板角度思考，站在员工角度做事”。站在老板角度思考，站在员工角度做事是一种新的思考方式，是创业者的成功思考方式，而多数的人思考是站在自己角度思考。

"站在老板角度思考"更准确地说应该是"站在上司的角度思考"。为什么强调"站在上司的角度思考"，因为每个人的工作都要服务或服从于更高层次的工作，个人的工作做得再好，如果不能与上司的目标协调也没有价值。强调"站在老板或上司的角度思考"，就是要以上司或老板的角度看待自己的工作。

"站在老板或上司角度思考"很难，因为没有达到老板或上司的高度是很难按照他们的角度思考的，但只要以这种方式去做，总比不思考效果好。当然，我们并不是主张部下去揣摩上司或老板的心思，而是告诉大家老板思考才是全局思维。

"站在员工角度做事"更难。这样做的结果是员工工作简单化，但管理者的工作却复杂化了。把简单留给员工是正常的，把复杂留给管理者是符合逻辑的。

优秀员工把老板的事当成自己的事，别让老板把自己当成外人，这是企业卓越员工的做事准则。卓越优秀的员工，总是把公司的事当做自己的事，处处维护公司利益和荣誉。不会投机取巧，遇到问题不会拖延找借口，不会抱怨不断，他们总是勇于承担自己的责任，将个人发展目标与公司发展远景相融合。

笔者经常听到这样一个关于钱和事的一句话：自己的钱办自己的事——既节约又有效率；自己的钱办别人的事——节约但没有效率；别人的钱办自己的事——不节约但有效率；别人的钱办别人的事——不节约也没有效率。

若把老板的钱和老板的事当成别人的钱和别人的事来对待，最终结果是：老板把我们当成了外人；若转换一下思维和行动方式，把老板的钱当成自己的钱——凡事讲节约，把老板的事当成自己的事——凡事讲效率和效果，最终结果将是：老板会把我们当成自己人。

记得有这样一个故事：有一个牧羊人帮别人牧羊，每次总会把羊弄丢。有一天，他又弄丢了一只羊，雇主对他说：这些羊我送给你了，以后你牧自己的羊吧！可是，从这之后，牧羊人再也没弄丢一只羊。这个牧羊人为什么没再丢羊呢？那是因为羊由雇主的变成自己的了。

只有把老板的事当成自己的事，才能像老板一样思考，像老板一样行动。只有具备了老板的素质，你才会去考虑企业的发展，考虑企业的成长，你才会感觉到企业的事情就是自己的事情。反之，你就会得过且过，不负责任，认为自己永远是打工者，出力流汗拿工钱，企业的命运与自己无关。如果是这样，你就不会得到老板的认同，不会得到重用，就会把你当成外人，低级打工仔将是你永远的职业。

《海尔兵法》一书中，记录着一名海尔员工这样一番话：“我会随时把我听到的、看到的关于海尔的意见记下来，哪怕我是在朋友的聚会中，或是走在街上听到陌生人说的话。因为，作为一名员工我有责任让我们企业的声誉更好，我们有责任让我们的企业更成熟、更完善。”这充分体现了员工把企业的事当成自己事的一个缩影。

像老板那样执著，像老板那样奉献，你尽管现在不是老板，但你已具备了老板的素质和能力，只要你想，你总有一天会成为名副其实的成功的老板。

温馨提醒 让老板把自己当成自己人，别当成外人。

让老板把自己当成自己人，别当成外人

温馨提醒 → **如果把老板的钱和老板的事当成别人的钱和别人的事来对待，最终结果是：老板把我们当成了外人。反之，把老板的钱当成自己的钱——凡事讲节约；把老板的事当成自己的事——凡事讲效率和效果。最终结果将是：老板会把我们当成自己人。** ← 温馨提醒

温馨提醒 成就老板从而成就自己是铁的法则。

成就老板从而成就自己是铁的法则

温馨提醒 → 成就老板从而成就自己绝对是一条重要的原则，也是一条铁的法则。当你在为老板偏心而抱怨时，是否该认真反思一下自己是否遵循了这个原则。机会真的不会从天而降，更多时候要靠自己去争取。如何和老板合作好，对任何一个身在职场之中的人都是极其重要的。尤其老板手中所掌握的资源和影响力对一个人在职场的发展都会起到至关重要的作用。 ← 温馨提醒

6.4 做老板或上司最离不开的人，成为不可替代

为企业老板或上司提供物超所值的服务 → **为企业老板多做些什么，成为不可替代** ← 为老板多做些什么，成为不可替代

约翰·肯尼迪总统有一句经典名言：“不要问你的国家能为你做些什么，而应该问你能为国家做些什么。”我们也要经常问自己：“不要问企业老板和上司能为我们做些什么，而应该问能为企业老板和上司做些什么。”要想让自己不被淘汰，我们应该为企业老板或上司提供“物超所值”的价值和服务。我们要学会站在企业老板和上司的立场上去考虑，经常问自己：“我能为他们做点什么呢？”这样我们就会自发去努力工作，而不是让工作赶着我们，从而为自己带来更高的工作效率，使自己成为不可替代。

做老板或上司最离不开的人，成为不可替代。从本质上来说，不可替代这是某一领域的最强者，无人能敌。老板或上司，对于每一个职场中人而言，都是无法逃避、必须认真面对的人。很多员工都有这样一种感觉：与老板或上司相处，是一件非常艰难的事情。尤其当你发现，你和你的老板或上司完全是两种人，思维方式和行为方式都格格不入时，应该怎么办？是让他迁就你，还是你去迁就他呢？答案自然是后者。

还是那句老话：多看对方的优点！你应该从老板或上司身上寻找更多的闪光点，然后尽你所能，去全力支持他的工作。在潜移默化中，老板或上司也会受到你的影响。经过一段时期的磨合，你们或许就能

相处得不错了。

要想得到老板或上司的赏识，并成为他离不开的人，你就必须不断表现出自己的工作能力。在你的老板或上司看得到的地方，你要努力去做。在他看不到的地方，你同样也要努力做。你应该相信，老板或上司在时刻关注着你，你尽职尽责的表现，老板或上司总会注意得到。一旦成为上司离不开的人，就证明你已经接近或达到不可替代的境界了。即便因为工作性质的原因，你不能直接地为集体、为企业创造效益，但在你为老板或上司分忧的过程中，你的价值也能得到体现。

案例一：一位成功学家曾聘用一名年轻女孩当助手，替他拆阅、分类信件，薪水与相关工作的人员相同。有一天，这位成功学家口述了一句格言，要求她用打字机记录下来："请记住，你唯一的限制就是你自己脑海中所设立的那个限制。"她将打好的文件交给老板，并且有所感悟地说："你的格言令我深受启发，对我的人生大有价值。"这件事并未引起成功学家的注意，但是，却在女孩心中打上了深深的烙印。从那天起她开始在晚饭后回到办公室继续工作，不计报酬地干一些并非自己分内的工作——替老板给读者回信。

她认真研究成功学家的语言风格，以至于这些回信和自己老板写的一样好，有时甚至更好。她一直坚持这样做，并不在意老板是否注意到自己的努力。终于有一天，成功学家的秘书因故辞职，在挑选合适人选时，老板自然而然地想到了这个女孩。在没有得到这个职位之前已经身在其位了，这正是女孩获得提升的最重要原因。当下班的铃声响起之后，她依然坚守在自己的岗位上，在没有任何报酬承诺的情况下，依然刻苦训练，最终使自己有资格接受更高的职位。

故事并没有结束。这位年轻女孩能力如此优秀，引起了更多人的关注，其他公司纷纷提供更好的职位邀请她加盟。为了挽留她，成功学家多次提高她的薪水，与最初当一名普通速记员时相比已经高出了四倍。对此，做老板的也无可奈何，因为她不断提升自我价值，使自己变得不可替代了。

案例二： 让我们来看看林肯和他的秘书的故事，或许会对所有下属都有所启发。林肯，美国历史上最伟大的总统之一。然而，很少有人听到过尼古拉这个名字。在美国历史上，尼古拉有个外号，叫做“林肯的影子”。1857年，25岁的尼古拉当上了伊利诺伊州的书记员。而当时的林肯只是个小有名气的律师，虽然已经开始参政，但并不顺利。为了获得更多的知识，林肯每天都泡在图书馆里学习。他学习的图书馆恰好是尼古拉照管的那家，于是两人在此相识并一见如故。第二年，林肯被共和党提名为参议院候选人，但由于缺乏经验，竞选失败了。尼古拉觉得林肯很有潜力，鼓励林肯向白宫进军，而他本人则表示愿意追随林肯。这一次，林肯击败了党内对手，成为共和党的总统候选人，头脑聪明、能力出众的尼古拉成为林肯的私人秘书。在竞选期间，林肯每天都要在家里接待各种来访者，尼古拉积极帮他招待访客，全身心地投入到工作中。

在尼古拉的帮助下，林肯成为美国的第16任总统。当林肯入主白宫的时候，尼古拉也接到了总统私人秘书的委任令。当时，白宫的管理很混乱，多亏尼古拉尽心竭力，让白宫的各项事务，变得秩序井然了。

在白宫，无论什么场合，尼古拉几乎总是出现在林肯身边，“林肯的影子”这一绰号，也就这么叫开了。今天很多美国学者都承认：无论对林肯还是对白宫来说，尼古拉都是个不可或缺的人物。一个能对林肯这样的伟人提供莫大帮助的人，谁能否认他具有不可替代的价值呢？作为一名员工，如果你也能像尼古拉那样，为你的老板或上司鞍前马后地效劳，成为他最离不开的人，这同样会让你变得不可替代。

温馨提醒 懂得与老板或上司相处的四大技巧。

懂得与老板或上司相处的四大技巧			
与无能老板或上司相处方法：你最好主动接触他，有重要决策时，提供多个可行方案供他选择；但要谨记，切勿在提供意见的过程中，伤害了上司。	与铁面无私的老板或上司相处方法：你要想获得上司的赏识，你必须显示个人实力，工作效率要快，要为公司的业务创造业绩。	与一团和气的老板或上司相处方法：下属应少兴风作浪，少在公司说是道非，万事以和为贵，尽量忍耐为妙。	与能干的老板或上司相处方法：你必须在工作和人际沟通上都有良好的表现，并要保持两者的平衡，尽量以上司作为楷模。

温馨提醒

温馨提醒

6.5 以老板的心态融入企业，让梦想成真

以老板的心态融入企业，梦想成真

以老板的心态融入企业，让梦想成真

以老板的心态，对待自己的企业，对待自己的工作。假设你是老板你一定会希望你的员工将公司的事业当成自己的事业，将公司的利益，视为自己的利益去爱护，更加努力，更加勤奋，更加积极主动，尽职尽责地完成任务并帮扶同事完成任务。将身心彻底融入公司，一损俱损，一荣俱荣。处处为公司的生存和发展着想，那么任何一个老板都会视你为公司的栋梁。我相信这样的员工，在任何一家公司里，都会受欢迎，同时也会享受到最高的待遇。

以老板的心态对待企业，成为值得信赖的人

以老板的心态融入企业，让梦想成真。以老板的心态融入企业、对待工作，你一定会成为值得信赖的人。一位老板曾说过，看一个人有没有出息，不是看他处在什么环境，干什么工作，而是要看他以怎

样的心态来对待环境，对待工作。如果，你以老板的心态来工作，那么你就会从全局的角度来考虑工作，确定这份工作所处的位置，从而把工作完成得更圆满、更出色。

以老板的心态对待工作，就要像老板一样，把企业当成自己的事业。如果你是老板，你一定会希望员工能和自己一样，更加努力，更加勤奋，更加积极主动。因此，当你的老板提出这样的要求时，你就应当积极努力去做，用心去做，创造性地去做。

如果你是老板，你对自己今天所做的工作完全满意吗？别人对你的看法也许并不重要，真正重要的是你对自己的看法。回顾一天的工作，扪心自问一下："你是否付出了全部精力和智慧？"

总之以老板的心态对待企业，你就会成为一个值得信赖的人，一个老板乐于雇用的人，一个可能成为老板得力助手的人。

温馨提醒　以老板的心态，对待自己的企业。

温馨提醒 →

以老板的心态，对待自己的企业		
只有站在企业老板的角度，才能急老板所急；只有站在客户老板的角度，才能想客户所想；只有拥有老板的心态，才能使你成为未来的老板，坚持下去，你必然会拥有自己的事业。	中国有位著名老板曾说过，看一个人有没有出息，不是看他处在什么样的环境、从事何种工作，而是要看他以怎样的心态对待企业，如果你以老板的心态来工作，你就会把工作做得很圆满、很出色。	以老板的心态对待企业，你就会成为一个做出成就的人，一个值得信赖的人，一个老板乐于雇用的人，一个可能成为老板得力助手的人。更重要的是，你已经走向成功之路。

← 温馨提醒

7

第七把成功创业砍刀，砍明日复明日的做事方式

把握今日，赢得不可替代的明日。

第七把成功创业砍刀，砍只讲不做的做事方式

- 第七把成功创业砍刀，是指创业者在创业路上砍掉只讲不做、今日复明日的做事方式，引领创业者说到做到、克服今日复明日的做事规则，树立日事日毕，日清日高，把握今日，赢得明日不可替代的一把创业砍刀。
- 这把创业砍刀，实际上是让创业者把握好今日，拥有不可替代的明日。
- 砍掉今日复明日的懒惰心理，就是发扬今日事今日毕，克服今日事明日毕的消极做事的方式，只有把握了今日事今日毕，明日做事才能有基础。否则，明日做事无法做成功。
- 砍掉今天工作不努力，明天努力找工作的做事思想，就是提醒创业者创业一开始就要尽心尽力，努力工作，今天努力工作是容易做得到的，明天努力找工作却是很难做得到的，与其明天努力找工作，不如今天好好努力工作。开始不努力，不吃苦，可能一辈子要吃苦、不会幸福；一开始就努力，就肯吃苦，可能一辈子会幸福、不会吃苦。

第七把成功创业砍刀这一章为创业者归纳提炼了六种成功理念，这六种成功理念可以引领大家把握今日，赢得不可替代的明日。没有人不可逾越，没有谁不可替代。在当今时代，以“今日工作不付出，明日岗位被替代，后日加倍付出找工作”这句至理名言时刻提醒自己，自加压力。也告知创业者一条真理：与其明天被人替代，后天到处找

工作，不如珍惜现有的工作岗位，把握好今天，成就明日的梦想。

理念之一：今日不付出，明日被替代，后天找工作。在当今的时代，以“今日工作不付出，明日岗位被替代，后日加倍付出找工作”这句至理名言时刻提醒自己，自加压力。与其明天被人替代，后天到处找工作，不如珍惜现有的工作岗位，把握好今天，成就明日的梦想。

理念之二：成事立业在今日，不要明日复明日。不可今日悔昨日，不要今日待明日，成事立业在今日，因为昨天已成历史，明天尚不确实，只有今日，才是属于自己的，昨日若有不足，今日尚可弥补；明日有何目标，今日也可谋划；把握不了今日，就等于失去了明日。

理念之三：把握今日，赢得不可替代的明日。把握今日，等于拥有两倍的明日，无论对谁来说，都应该珍惜现在、把握今日，因为没有现在，也就没有未来，把握不了今日，也就掌握不了明日和未来。与其抱怨过去的虚度，坐待明天的到来，不如奋起努力，把握今天。因为今天就在眼前，珍惜今天，不仅可以弥补昨天的不足和遗憾，更能为迎接明天做好准备。

理念之四：今日事今日毕，不要让今日事明日毕。今日事今日毕，不要让今日事明日毕，当日事当日清，不要让当日事明日清。日事日毕，日清日高，执行力要从每日的工作做起。这是成功企业或创业者的成功经验。

理念之五：做到“同事圈”里最棒，让自己成为不可替代。追求卓越，做到“同事圈”里最棒的人，成为不可替代，永远是成功人士的信念，正是这种信念造就了最成功的企业和最杰出的人才。做到“同事圈”里最棒的人，让自己成为不可替代的人，也是老板眼里最红的人。

理念之六：只有付出，方能杰出。多走几步、多付出几步艰辛，创造人生奇迹。你要创造一般的成功，就得付出一般的努力；你要成为杰出的人才，你就得比别人多付出几倍的艰辛努力。俗话说：“一勤天下无难事”。只有肯付出，方能杰出，成功的大门才会向你敞开。世界上没有不付出就能收获的例子，如果不肯辛苦一阵子，那么就必然要辛苦一辈子。天才之所以成为天才，也不过是因为他们付出的汗水更多而已。

7.1 今日不付出，明日被替代，后天找工作

世上没有救世主，自己的命运自己掌握 →

今日不付出，明日被替代，后天找工作

“天将降大任于斯人，必先苦其心志”；“没有借口”可以修炼一个人的心态；值得自豪的是工作，而不是完美的借口；只有没出息的思想，没有没出息的工作；不要抱怨职位如何，努力工作就会获得；艰苦地劳作，执着地工作，就会快速成长；不要夕阳西下时幻想，而旭日东升时就努力；一分时间，一分成果，一次努力，一次收获；聪明的人依靠努力工作，愚蠢的人则依靠借口。

← 今天不付出，明日被替代，后天找工作

今日不付出，明日被替代，后天找工作。在当今时代，有很多人已把“今日工作不付出，明日岗位被替代，后天加倍付出找工作”这句至理名言作为自己的座右铭。但是真正理解透了这句话并付诸行动的恐怕就没有那么多人了。在职场中，一个人要想在平凡的工作中脱颖而出，一方面由个人的才能决定；另一方面则取决于个人的进取心。**机遇与机会永远垂青那些有准备的人，努力工作的人懂得把命运牢牢地掌握在自己手中**。看看我们周围，那些只知抱怨而不努力工作的人吧。他们不懂得，自己的工资是从公司领来的；他们不懂得，丰厚的物质回报建立在自己辛勤工作基础之上；他们更不懂得，即使工资微薄也可以利用工作机会提高自己的能力，以求在新的工作岗位上，获取自己应该得到的东西。最严重的是抱怨者没有认识到，竞争日趋激烈的严酷现实。工作机会并不是俯拾皆是，一个工作机会总有数十人甚至上千人去竞争，谁能保证幸运女神一定会降临到他们头上呢？所以，珍惜当前机会，努力工作才是明智之举。其实，每个人都一直拥有成为优秀员工的潜能，都一直拥有被委以重任的时机。为什么有的人一定要等到无路可走的时候，才懂得努力工作、勤奋拼搏？

其实，你一直拥有成为优秀员工的潜能，一直拥有被委以重任的机会，一直面对升迁和加薪的大门。认真地做好自己平凡的工作，把平凡做成伟大，与其说是由个人的才能决定，不如说取决于个人的进

取心态。付出多少，得到多少，这是众所周知的因果法则。也许你的投入无法立刻得到相应的回报，不要气馁，应该一如既往地工作，主动多付出一些，回报将会以出人意料的方式出现。今天工作不付出，明天必定被替代，后天加倍努力找工作成为必然，请珍惜你现在的工作吧，即使是为了生存。

创业者们，您是否从“今日工作不付出，明日岗位被替代，后天加倍付出找工作”这一至理名言，理解其中的真实道理。实践证明：与其明天被人替代，后天到处找工作，不如珍惜现有的工作岗位。从今天起，从思想上、认识上、行动上转变工作观念；从现在起，踏踏实实地做好自己的本职工作，为了自己不被替代、不被淘汰而把握好今天。

温馨提醒　时刻用至理名言提醒自己。

时刻用至理名言提醒自己	
时刻要用“今日工作不付出，明日岗位被替代，后天加倍付出找工作”这句至理名言提醒自己，自加压力，将压力变为工作动力；“机遇偏爱有付出的人”，只要辛勤耕耘，把握好今日，抓住机会，创造机会，就不会被淘汰、被人替代。只要今日把工作做得比别人好，就会成就明日的梦想。	深悟“今日工作不付出，明日岗位被替代，后日加倍付出找工作”的真实道理。与其明天被人替代，后天加倍付出找工作，不如珍惜现有的工作岗位。从今天起，从思想上、认识上、行动上转变观念，从现在起，踏踏实实做好自己的本职工作，为了自己不被替代、不被淘汰而把握好今天、努力做好今天。

温馨提醒　温馨提醒

7.2　把握今日，赢得不可替代的明日

把握今日，等于拥有两倍的明日；把握今日，赢得不可替代的明

把握今日等于拥有两倍的明日 →	把握今日，等于拥有两倍的明日		← 把握现在等于掌握明日与未来
	不要为昨天叹息，不要为明天忧虑；因为明天只是个未来，昨天已成为过去；未来的不知是些什么，过去的只能留作记忆；只有今天，才是你真正的拥有。今天，是你冲锋的阵地。缅怀昨天、把握今天、迎接明天；昨天是成功的阶梯，明天是奋斗的继续。	随着时光的流逝，一切都会改变，但时间却依旧年轻。如果任其荒废，那即便是搭上整个生命，也是耗不起的。只要从今天开始，从现在做起。把握好今天，做好今天该做的一切，让今天过得充实而有意义，你的生命就有了光彩，就有了无与伦比的价值。	

日。我们知道18世纪美国科学家、思想家富兰克林曾说：“把握今日，等于拥有两倍的明日。”莎士比亚也曾说过：“在时间的大钟上，只有两个字‘现在’。”所以，无论对谁来说，都应该珍惜现在、把握今日。因为，没有现在，就没有未来；把握不了今日，也就掌握不了明日和未来。

的确，每个人都生活在今天，因为昨天已经过去，明天还未到来。因此，怎样把握今天，让今天过得充实而有意义，的确是一个值得思考的问题。遗憾的是，很多人并没有认真地考虑过这个问题，也没有对今天做过什么规划。所以，今天对他们而言，也就是一个生命的过场，如流动的河水，悄然逝去不留痕迹。

我们很多时候都在说要珍惜时间，但是，当回顾自己的所作所为时，很多人又在抱怨自己浪费了时间。那么，什么是真正意义上的珍惜时间呢？怎样做才是珍惜时间呢？最简单的说法是，珍惜时间，就要珍惜一点一滴、分分秒秒。就要从今日做起，从此刻做起。与其抱怨过去的虚度，坐待明天的到来，不如奋起努力，把握今天。因为今天就在眼前，珍惜今天，不仅可以弥补昨天的不足和遗憾，更能为迎接明天做好准备。

对于我们其中很多人来说，都幻想着明天，明天会怎样。说不定明天走在街上，天上就会掉一块馅饼下来，这块馅饼又刚好砸在自己的嘴上。那么，这一天的伙食便有了着落，到了后天又会有一块面包掉在自己的头上。

明日复明日，明日何其多。天上掉馅饼毕竟只是幻想着的美丽童话，就算真的有一块馅饼掉在了头上，难道每天都会有掉在头上的面包吗？明天，甚至说下一秒钟，将要发生什么事情，谁都不能预测。我们唯一能够把握的还是属于我们的现在，只有眼前的才是真实的，是我们能够看得见，摸得着，把握得住的。

我们常常因为想着还有明天，而把今天该做的事，该说的话放到明天。可是，我们有没有想过，明天会发生什么，明天我们还来得及说、来得及做吗？时不我待，等到我们想回头去找的时候，一切都已经过去了，只是因为我们忽略了现在，也就悄悄从我们指缝中溜走了。

今天才是真正属于我们的，我们始终是活在眼前、活在此刻。每一个明天都是今天的付出换回来的，把握住今天，珍惜现在你拥有的，现在该做的事，马上就去做吧，该说的话就说吧，人不能因为害怕后悔而不去做任何事。错过了也就错过了，眼前也就成了下一刻。

歌德说：“把握住现在的瞬间，从现在开始做起。只有勇敢的人身上，才会赋有天才、能力和魅力。因此，只要做下去就好，在做的历程当中你的心态就会越来越成熟。能够开始的话，那么，不久之后你的工作就可以顺利地完成了。”我们需要的是开始的勇气和持之以恒的决心，从现在开始就要把握眼前，把握今天，那么我们就比别人多拥有了一个明天，就会赢得不可替代的明天。

温馨提醒 把握不好今天，就会失去昨天的辉煌。

把握不好今天，就会失去昨天的辉煌

温馨提醒

把握不好今天，不管你的昨天有多么辉煌，也不管你的明天有多么宏伟，对现在的你来说，都无济于事。正如惠特曼所说："我现在拥有的这一分钟是经过了无数亿万分钟才出现的，世上再没有比这一分钟更好。"从现在开始只要把握眼前，把握今天，就比别人多拥有一个明天。就会赢得不可替代的明天。

很多时候，人们都在说"我明天就……"，总以为明天才是自己起航的始发点。他们往往对明天充满期待，而对眼前的今天视而不见。但是，到了明天，又会期待下一个"明天"的到来，却不知"明日复明日，明日何其多"。

温馨提醒

7.3 成事立业在今日，败事在于今日复明日

明日复明日，明日何其多

把握好今日事，走向成功

明日复明日，明日何其多！日日待明日，万事成蹉跎。世人皆被明日累，明日无穷老将至。晨昏滚滚水东流，今古悠悠日西坠。百年明日能几何？请君听我"明日歌"；人生百年几今日，今日不为真可惜，听听"今日歌"。如果一味懊恼昨日无为，又忘了今日应为，那明日又要懊恼今日，如此反复，就会在对昨日的懊恼中白了少年头。把握好今日事，克服今日复明日就是不做事的思想。

把握好今日事，走向成功

成事立业在今日，败事在于今日复明日。这是当今创业者的创业铁血法则。我们知道古人曾把人的一生比作"**三天**"：昨天、今天和明天。昨天已经过去永不复返；今天虽和你在一起，但很快也会过去；明天就要到来，也会消逝。这段名言告诉人们：人生短暂，要想成功，为世人做出贡献，请抓紧时间，因为人生只有"三天"。

古人曾写过“三日歌”：即“今日歌”、“明日歌”、“昨日歌”。它们是不同作者作于不同时代的三首诗。明代人文嘉有首著名的“今日歌”：“今日复今日，今日何其少！今日又不为，此事何时了。人生百年几今日，今日不为真可惜。若言姑待明朝至，明朝又有明朝事。为君聊赋今日诗，努力请从今日始。”这首“今日歌”，进一步说明了今日之重要。李大钊指出：“你能够把握的就是今天。”昨天已成历史，明天尚不确实，只有今日，才是属于自己的：昨日若有不足，今日尚可弥补；明日有何目标，今日也可谋划。“姑云此日足可惜，吾辈更应惜秒阴”，董必武同志的告诫，更为我们指明了“赶快做”的方向。

记得清代人鹤滩的“明日歌”是：“明日复明日，明日何其多。我生待明日，万事成蹉跎。世人若被明日累，春去秋来老将至。朝看水东流，暮看日西坠。百年明日能几何？请君听我明日歌。”

这首诗歌，言简意赅，寓意深刻。自问世以来，不知给多少人以警醒和启迪。它告诉人们：明日未到，还是未知数。虽然制订明日的计划是必要的，但不能把行动的起点放在“明日”，因为“明日”仅具有相对意义。如果非要等到“明日”才开始，只能是生活在希望之中，而“春去秋来老将至”，至死“万事成蹉跎”。

又有佚名者作“昨日歌”：“昨日兮昨日，昨日何其少！昨日过去了，今日徒懊恼。世人但知悔昨日，不觉今日又过了。水去日日流，花落日日少，成事立业在今日，莫待明朝悔今朝。”昨天已成历史，无论成功失败，都不可改变了。我们所能做的，只能是总结经验，以供今日借鉴。这样，即使是教训，也能成为今日以至明日的财富，昨日照样没有白过。如果一味懊恼昨日无为，又忘了今日应为，那明日又要懊恼今日。如此反复，就会在对昨日的懊恼中白了少年头。

“三日歌”温馨提醒：不可今日悔昨日；不要今日待明日；成事立业在今日。

温馨提醒 → ← 温馨提醒

不可今日悔昨日	成事立业在今日	不要今日待明日
请君听听"昨日歌"：昨日兮昨日，昨日即历史。以史为镜鉴，成败已自知。慎言当年称好汉，牢记江心补漏迟。梅经霜更艳，人吃堑长智。忘记过去是背叛，前事不忘后事师。	请君听听"今日歌"：今日兮今日，今日正春阳。三春不懈怠，秋收五谷香。趁着天晴好晒米，莫因碌碌悔断肠。锯动才有末，雁叫声声响。千里之行从跬步，涓滴不弃成海洋。	请君听听"明日歌"：明日兮明日，明日是希望。希望变现实，计划头一桩。智者明日有所得，愚者明日空惆怅。凡事预则立，登高能远望。饱带干粮热带衣，未雨绸缪走四方。

"三日诗"温馨提醒：昨日过去了，今日徒懊恼；今日不为真可惜；明日复明日，明日何其多。

温馨提醒 → ← 温馨提醒

昨日诗	今日诗	明日诗
昨日兮昨日， 昨日何其好！ 昨日过去了， 今日徒懊恼。 世人但知悔昨日， 不觉今日又过了。 水去日日流， 花落日日少， 成事立业在今日， 莫待明朝悔今朝。	今日复今日， 今日何其少！ 今日又不为， 此事何时了。 人生百年几今日， 今日不为真可惜！ 若言姑待明朝至， 明朝又有明朝事。 为君聊赋今日诗， 努力请从今日始。	明日复明日， 明日何其多！ 我生待明日， 万事成蹉跎。 世人皆被明日累， 春去秋来老将至。 朝看水去流， 暮看日西坠， 百年明日能几何？ 请君听我明日诗。

7.4 今日事今日毕，不要让今日事明日毕

今日事今日毕，不要让今日事明日毕；当日事当日清，不要让当日事明日清。**日事日毕，日清日高，执行力要从每日的工作做起。这是成功企业或创业者的成功经验。**歌德曾经说过："把握住现在的瞬间，把你想要完成的事情或理想，从现在开始做起，只有勇敢的人身

今日事今日毕，不要让今日事明日毕

今日事今日毕，不要让今日事明日毕，今当日事当日清，不要让当日事明日清。日事日毕，日清日高，执行力要从每日的工作做起。著名数学家苏步青讲："今天能做完的事，决不拖到明天。"成功者坚信"今日事今日毕"的真理。因为，谁也不知道明天或后天将有什么事情无情地占用时间。好好利用现有的时间，利用实实在在的今天，它是人生成功的资本。凡是对于今天的事务不能当日料理清楚，而要挪用明天的时间来抵补的人，你能够期待他在事业上取得成功吗？

今日事今日毕，不要让今日事明日毕

当日事当日清，不要让当日事明日清

上才会赋有天分、能力和魅力。因此，只要做下去就好，在做的历程当中，你的心态就会越来越成熟。能够有开始的话，那么，不久之后你的工作就可以顺利完成了。"但是许多时候，总是习惯把今天能做的事推到明天，把明天的事情推到后天。虽然，不知道为什么要这样推下去，但似乎总是有一种力量让我们变得懒散和拖延。有些人在要开始工作时会产生不高兴的情绪，这样就不想立即着手去工作，总是想拖延一会儿再做。长此以往，这种拖沓的恶习就会越来越严重，最终导致习惯，难以做成大事。

拖延是对惰性的纵容，它会消磨人的意志，使你对自己越来越失去信心，怀疑自己的毅力，怀疑自己的目标，甚至会使自己的性格变得犹豫不决。拖延是一种恶习，习惯性的拖延者通常也是制造借口与托辞的专家。如果你存心拖延逃避，你就能找出成千上万个理由来辩解为什么事情无法完成，而对事情应该完成的理由却想得少之又少。把"事情太困难、太昂贵、太花时间"等种种理由合理化，要比相信"只要我们更努力、更聪明、信心更强，就能完成任何事"的念头容易得多。

人一旦开始遇事拖延，就很容易再次拖延，直到变成一种根深蒂固的恶习。因此，任何情况下都不要自作聪明，以为工作会按照自己的意愿发展，而是要清醒地认识到：一厢情愿的拖延与等待，不仅会影响自己的前程，而且还会给他人造成巨大的损失。懒惰和拖延对于一位渴望成功的人来说具有很大的破坏性，它使人丧失进取心，与自己的奋斗目标背道而驰。

拖延的习惯不仅影响工作效率，而且还会造成个人精神上重大负担。事情未能随到随做，随做随了，渐渐堆积在心上。既不去做，又不能忘，实在比早做多做更加疲劳。能拖就拖的人心情总是无法释然，该做未做的工作始终给他一种压迫感。拖延不仅不能省下时间和精力，反而白白浪费了宝贵时间。懒惰不仅无法让人放松，相反却使人心力交瘁，疲于奔命。

今天该做的事拖到明天完成，现在该打的电话等到一两个小时后才打，这个月该完成的报表拖到下一月，这个季度该达到的进度要等到下一个季度……而这些拖延又被赋予了那么多冠冕堂皇的借口：工作太无聊、太辛苦，工作环境不好，老板脑筋有问题，完成期限太紧，等等。这样的员工肯定是不努力工作的员工，至少是没有良好工作态度的员工。

拖延是一种顽疾，如果你要克服它并且养成“今日事今日毕”的习惯，你就要下定决心，准备洗心革面。最彻底也是最理想的方法就是养成“不要让今天事情‘过夜’”的习惯，也要记住“任务的最佳完成期是昨天”。还要记住，如果你的老板向你提出了苛刻的工作期限时，不要反驳、不要抱怨。将心比心，如果你是老板，一定会希望员工能像自己一样，将公司当成自己的事业，使工作在最短时间内有效完成。

你必须要把拖延这一恶习从你的个性中连根拔除。这种把你应该在一周，甚至一个月和一年前早该完成的工作拖延到明天再做的习惯，正在一点一点地吞噬你的生命，如果你不把这一习惯彻底铲除，你这一生终将一事无成。

案例：“海尔”是一个由濒临倒闭的小厂发展成为称雄国内外市场的企业集团。今天的海尔为什么这么强大，知名度这么响呢？海尔为什么会做得这么好呢？其实，他们也是从每件小事做起，也是从一家小的不起眼的公司发展起来的。在海尔公司，你会看见这么一个标牌："日事日毕，日清日高。"海尔的所有人都会以这个作为目标。在张瑞敏把那76台不合格冰箱砸掉后，每个人的心中都刻下一道深深的永远不能磨灭的伤痕，"它"时刻都提醒他们，要有强烈的责任心，做好每件小事，每个细节。海尔终于在中国的市场上拿下了第一块"金牌"。

总之，拖延是对生命的挥霍。拖延在人们日常生活中司空见惯，如果你将一天时间记录下来，就会惊讶地发现，拖延正在不知不觉地消耗着我们的生命。

拖延是对惰性的纵容。它会消磨人的意志，使你对自己越来越失去信心，怀疑自己的毅力，怀疑自己的目标，甚至会使自己的性格变得犹豫不决。

温馨提醒　当日事当日清，今日事今日毕。

温馨提醒

当日事当日清	今日事今日毕
时间管理最重要的守则就是珍惜今天，当日的事情当日清。把今天当作生活中的最后一天，那么今天的事情我就要全力以赴地做完。如果没有做完怎么办呢？不要拖延到明天。每一天都要这样告诉自己，同时也要认真地去做。要快速做完，快速地选择，哪些事情不做，就要明确地表示我不做，哪些事情一定要做，就明确地表示我要全力以赴地做。	有"今日歌"，也有"明日歌"，无论是今日复今日，今日何其少，还是明日复明日，明日何其多。都说明着一个道理，就是，今日事，今日毕。工作日积一尺，月积一丈，今天工作打折扣，明天产品遭贬值，明日复明日，万事成蹉跎，一日工作一日功，一日不做十日空，工作如逆水行舟，不进则退。

温馨提醒

温馨提醒 智者利用时间创造机会，获得机会，愚者浪费时间等待机会，丢掉机会。

智者创造机会，愚者等待机会	
智者利用时间创造机会，愚者等待时间等待机会，显然这是具有两种不同做事理念的人。前者是成功者获得成功的原则，后者是失败者失败的原则。我们知道，时间是最公平的，不论贫富贵贱，每个人每天所拥有的时间都是一样多；时间又是最不公平的，每个人每天取得的成就绝不会一样多。那是因为每个人在时间观念上的认识不同所致。	谁能充分利用时间，谁的工作效率就越高，谁就能创造出更多的价值，谁取得成功的机会就更多。因此，智者因为利用时间创造机会，所以他的成功机会永远比别人多；愚者因等待时间给予机会，所以他只有极少数的成功机会，愚者浪费时间错过机会，所以他永远都没有成功的机会。

温馨提醒 → ← 温馨提醒

7.5 做到“同事圈”里最好，成为不可替代

追求卓越，做到最好，是成功人士的信念 →

做到“同事圈”里最好，成为不可替代

追求卓越，做到最好，成为不可替代，永远是成功人士的信念，正是这种信念造就了最成功的企业和最杰出的人才。做到“同事圈”里最好的人，是让自己成为不可替代的人，也是老板眼里最红的人。作为一名企业员工，“不要问企业能为我们做些什么，而应该问我们能为企业做些什么。”只要在“同事圈里你做到最好”，你就离“不可替代”不远了．走向成功的机会就在眼前。

← 做到「同事圈」里最好，成为不可替代的人

做到“同事圈”里最好，让自己成为不可替代。追求卓越，做到“同事圈”里最好的人，让自己成为不可替代的人，也是老板眼里最红的人，当然也是员工走向成功的路径。

不可替代的员工，应该是老板眼里的“红人”。有的人认为凭自己的能力，就能成为“红人”或不可替代的人。其实，并没有这么简单。首要一点，你应理清自己与老板的关系，了解老板是什么样的人，自己是什么样的人。你就是再优秀，也只是老板的员工，他的“身价”一定比你高。而且，只要你在他的公司一天，他就能决定你身价的高低，乃至决定你的去留——这是不容置疑的事实。如果不清楚这些事实，你恐怕很难在公司立足，更甭说成为不可替代或老板眼里的“红人”了。

有一个很流行的故事，说一个人到花鸟市场去买鹦鹉，见一只鹦鹉的标签上写着：这只鹦鹉会两种语言，售价300元，另一只鹦鹉则标着：这只鹦鹉会四种语言，售价600元。这两只鹦鹉都是毛色光鲜，样子可爱。到底该买哪只呢？这个人一时拿不定主意。这时，他突然发现，不远处还有一只鹦鹉。那是一只很老的鹦鹉，毛色暗淡，精神不振，然而令人奇怪的是，这只鹦鹉的标签上竟标着1200元。于是，他就问店主：“难道这只鹦鹉会说八种语言？”店主说不是，它只会说一种语言。这人就有些纳闷了：“它又老又丑又没技术，怎么值那么多钱呢？”店主答道：“我也不知道为什么，只是另外两只鹦鹉都管它叫‘老板’。”

也许你觉得自己的老板就像故事里的老鹦鹉，看上去似乎没有什么特殊能耐。但别忘了，你所赖以生存的企业，是他当年用智慧和汗水创建的。仅就这一点而言，他就已经证明了自己。而你对他的不同看法，往往是因为你们干着不同的工作，具有不同的思维方式而已。

几乎每一个成功的老板，手下多少都有一些不可替代的人或“红人”。“红人”的标准，你可以举出几十条乃至上百条。但是，有一条必不可少：老板眼里的红人，必须是他的一位得力干将，能为他的公司持久创造效益。天下没有白给的薪水，每一位老板都希望自己的每一分钱都能产生效益。

著名网上拍卖公司eBay公司的CEO梅格·惠特曼，是全球第二大最有影响力的女性经理人，仅次于原惠普总裁卡莉·菲奥莉娜。与菲奥莉娜不同的是，惠特曼没有商业领袖明星的派头，她衣着朴素，是一位严肃、务实、低调的人。1998年，应eBay公司创始人皮埃尔之邀，惠特曼加盟eBay。那时的eBay只是一个30多名员工的网络公司。在惠特曼的带领下，短短5年时间，eBay就变成世界上最成功的网络公司之一。在皮埃尔面前，惠特曼是不是很“红”呢？

世界第一职业经理人、美国通用电气公司（GE）前CEO杰克·韦尔奇推崇美国当代思想家彼德·里根的一句名言：“要么就是第一或第二，要么就转行。”这话说得似乎有些绝对，但其中的涵义实在很深刻，值得每一位有志于不可替代的职场中人借鉴。

有一则寓言，说一个旅行者和一个农夫结伴，在森林里赶路。突然，从密林里跳出一只老虎。两人见状，转身就跑。可老虎跑得很快，追上他们两个绝对不在话下。就在这紧要关头，旅行者突然停下来，从包里取出一双轻便的运动鞋换上。农夫一边跑一边回头大喊：“你穿运动鞋有什么用？换了鞋也跑不过老虎！”旅行者回答说：“我确实跑不过老虎，但只要跑得比你快就行了。”“跑得比你快”，这就是竞争。在企业里，如果你始终不能跑得比你的同事更快，就会面临巨大的危机。而如果你比所有的同事都跑得快，那你就肯定能赢得更多的信任，成为不可替代的人，并拥有更多提升的机会。

例如，某公司员工甲，在公司同事之中，没有人比他的业绩更好，而在公司外部以大致相当的条件，难以找到比他更合适的人。那么，甲就是不可替代的员工。假如，在外部以更低的条件能找到与甲能力相当的乙，但乙缺乏甲所具备的团队合作精神。那么，甲仍然是不可代替的。但是，如果乙比甲能力更强，薪酬要求上跟甲差不多，即在人力资本价值比方面比甲更优。那么，甲就不是不可替代的员工。

现实中，有许多员工因为年龄、健康等原因离开岗位时，根本找不到合适的人替代他。韦尔奇就是一个典型的例子，他不仅在职的时候不可替代，在他离开岗位之后，仍然是不可替代的。其继任者不过是继承了他的职位，而没有继承他的影响力。他的离开，为GE公司乃至整个行业留下了巨大的损失。

作为全球最大的电脑软件公司，微软公司里面精英云集，卧虎藏龙。自盖茨创建微软以来，为他打过工的中国人也不在少数，其中不乏精明强干的才智人士。最杰出者，莫过于曾任“微软中国”总裁的

"中国第一职业经理人"唐骏。下面就让我们来看看，唐骏是怎么跑过其他人的吧！

唐骏是目前国内为数不多的身价上亿的员工，有"打工皇帝"等称号。最初，唐骏并不甘心打工。在美国留学期间，他曾依靠出卖发明专利，得到8万美元的创业资金，创办了三家小公司，从一个穷学生变成一个几十万美元身家的小老板。但是，一心想做大事的唐骏对此并不满意，虽然他感觉自己已经非常努力了，但企业似乎没有做大的希望，而且连能否持续经营都得打问号。就在唐骏为自己公司而烦恼的时候，他接到了微软公司一位人事主管的电话。对方看到了他的发明，很认同他的创新能力，所以邀请他去微软工作。

唐骏放下电话，心动了。他想："是啊，为什么不去大公司学点本事呢?"当时的微软公司名气很大，唐骏也很仰慕比尔·盖茨本人。所以，他当机立断，应聘到了微软公司。刚刚进入微软公司几个月的唐骏，觉得公司目前效率低下的工作方法应该加以改进。一方面，微软常年雇佣那么多人做新版本，成本太高；另一方面，全球各语言的版本上市推迟太久，容易贻误商机。

于是，当那300多人都在埋头苦干的时候，唐骏也和他们一样，白天照常上班，业余时间则在家里动起了脑筋，重新设计软件架构。半年后，他编写了几万行的代码，反复运行，将他的程序检验成功后，拿到了老板面前。3个月后，唐骏的方案被微软总部接纳，300多人的开发团队一下压缩至50人。就这样，立了大功的唐骏在进入微软一年之后，被快速提升为"开发经理"，带领一个团队，重新对微软的操作系统进行全方位的改进。唐骏辉煌的职业生涯，就从这里开始了。

据唐骏后来回忆，刚进入微软的时候，感觉自己就像一粒沙子被扔进了大海。唐骏有这样的感觉不难理解，因为在当时的微软，像他这样的程序员不下万人。对唐骏来说，他面临的首要问题，就是从这庞大的程序员队伍里脱颖而出，做出成绩，直接进入比尔·盖茨的视线。依靠"力争上游"的精神和干劲，唐骏加速奔跑，实现了赶超同事的目标，为今后的发展铺平了道路，也为所有的职场中人树立了一个标杆。

总之，作为一名企业员工，“不要问企业能为我们做些什么，而应该问我们能为企业做些什么”。只要在“同事圈里你做到最好”，你就离“不可替代”不远了。走向成功的机会就在眼前。

温馨提醒 只有吃得苦中苦，方为人上人。

温馨提醒 → **吃得苦中苦，方为人上人** ← 温馨提醒

俗话说：“吃得苦中苦，方为人上人。”一个人要做成“同事圈”里最好的人，成为不可替代或杰出的人，就得付出比别人多几倍的艰辛，并要做到最好。要想脱颖而出，走向成功，那就要成为不可替代的人！不要因为聪明就不努力，学学比尔·盖茨吧。不要认为不公平，也许只是自己做得不够好。我们今天所处的职场是一个到处弥漫着残酷竞争的职场，其生存的严峻性比以往来得更加紧迫。如果我们不能够加强自身素质，不能够让自己变得更加胜任职位，那就必将被淘汰。因为现实是：没有人不可替代。

7.6 只有肯付出，方能创造人生奇迹

只有肯付出努力，方能成为杰出人才 → **多走几步、多付出几步艰辛，创造人生奇迹** ← 付出多大的努力，就能获得多大的成功

多走几步、多付出几步艰辛，创造人生奇迹	
只要付出和优秀员工一样的努力，就能成为优秀员工；只要付出与成功者一样的努力，就能做出与成功者一样的业绩。要成为杰出的人才，就得比别人“多走几步艰险路”，多付出几分艰辛。	“不经一番寒彻骨，哪来梅花扑鼻香。”世上并没有天上掉下来的馅饼，也没有免费的午餐。所有的一切都是通过付出获得的，就像成功者的成功并不是靠幸运和偶然。“幸运”和“偶然”的背后是用汗水和眼泪修筑而成的。无论是谁，都不能例外。即使是那些光芒四射、万众瞩目的明星，其非凡的业绩，也是由“台上一分钟，台下十年功”获得的。

只有付出，方能杰出。我们大家都可能知道刚刚走上创业路的创业者，往往都是有着一番创业的冲劲，带着十足的傲气，抱着掘金者的梦想。但是梦想与现实往往是有差距的，多数创业者以失败而告终。其失败带给后人的教训就是：要想一步步向事业顶峰挺进，成为杰出的人才，就得付出比别人多几倍的艰辛努力，光凭冲劲、傲气这点资本，想在这个卧虎藏龙的社会立足是很艰难的。大量案例告诉我们：你要创造一般的成功，就得付出一般的努力；你要成为杰出的人才，你就得比别人多付出几倍的艰辛努力。

俗话说："一勤天下无难事。"只有肯付出，方能杰出，成功的大门才会向你敞开。世界上没有不付出就能收获的例子，**如果不肯辛苦一阵子，那么就必然要辛苦一辈子**。天才之所以成为天才，也不过是因为他们付出的汗水更多而已。

要想杰出，先得付出。这个道理简单得似乎让人不屑一顾。只有付出才能杰出这一铁的原则，能有效激发热情，提升工作效率。它告诉我们乐于付出和善于付出的心态和能力不是与生俱来的，它不需要天分，不是靠遗传，它是在日常的生活和工作中培养和学习得来的。如果，你觉得自己对"乐于付出"心态的培养不知从何入手；如果，你觉得拥有满腔热情和干劲而不得其径的话，那么在仔细阅读完本书之后，你一定会豁然开朗。

古人云：**"不经一番寒彻骨，哪来梅花扑鼻香。"世上并没有天上掉下来的馅饼，也没有免费的午餐**。所有的一切都是通过付出获得的，就像成功者的成功并不是靠幸运和偶然。**"幸运"和"偶然"的背后是用汗水和眼泪修筑而成的**。无论是谁，都不能例外。即使是那些光芒四射、万众瞩目的明星，其非凡的业绩，也是由**"台上一分钟，台下十年功"**获得的。

没有一个人的生命轨迹是直线，每个人的生命始终是一条曲线，会经历低谷，也会遇到高潮，不管是低谷还是高潮始终与付出是成正比的。因为一分付出，才会有一分收获，只有经历了付出的过程，才能品尝收获的甘甜。

典型案例： 美国传奇人物——健美冠军、著名演员后来又竞选州长成功的亚诺·施瓦辛格就是一个典型的事例。亚诺·施瓦辛格从一个瘦高个子，一举成为全世界最著名的健美明星，荣获 3 届环球先生与 7 届奥林匹克先生称号，后来又成为银幕上的大牌明星。其根本原因之一，在于他愿意多付出比平常人更多的代价。在他所著《亚诺：一个健身家的成长》一书中，他阐述了他那并不奥秘的“成功秘诀”：“要肌肉增长，你必须有无穷的意志力，你必须挨得痛，你不能可怜自己，稍痛即止；你要跨越痛苦，甚至爱上痛苦，甘之如饴，人家做 10 下的动作，你要加倍，而做足 20 下。还有，你要用不同的方法，从不同的角度震惊你的每一组肌肉，令它没有办法不强壮，没有办法不结实。不要松懈、不要懒惰：没有坚强的意志，你是不会成功的。”

后来，亚诺决定参加当年的奥林匹克竞赛。这一决定，震惊了整个健身界：按常理，要成功是绝对不可能的。更何况，此时距比赛只有数月时间了。但是，他再次以超人的意志，全身心投入训练。用无比的毅力，无比的斗志，将肌肉一一“逼”出来，在比赛中再次以最佳的状态胜出。他通过这次奥林匹克竞赛的成功，创造了单人摘得 7 项冠军的、前无古人的纪录。

在创业路上，有不少创业者经常抱怨：为何我如此努力，还是不成功呢？我想说的是：我们的努力真正“足够”了吗？看看亚诺·施瓦辛格为成功付出的努力吧！再比较一下自己的努力，我们也许会得出这么一个结论：别抱怨不公平，或许是自己做得还不够艰辛努力。

温馨提醒 **只有肯付出，方能杰出。**

温馨提醒 → **只有肯付出，方能杰出** ← 温馨提醒

只有肯付出，方能杰出，这是做事做人铁的原则。每个人都想成为一名杰出人士，但人并非生下来就是天才或废物，天才也需要后天的磨炼，所有的才能都是通过艰辛的努力获得的，只有肯付出方能换来累累硕果。没有一个人的生命轨迹是直线，每个人的生命始终是一条曲线，会经历低谷，也会遇到高潮，不管是低谷还是高潮始终与付出是成正比的。因为一分付出，才会有一分收获，只有经历了付出的过程，才能品尝收获的甘甜。

7.7 没有人不可逾越，没有谁不可替代

物竞天择，适者生存 → 没有人不可逾越，没有谁不可替代 ← 没有谁能永远不可替代

物竞天择，适者生存，切莫得过且过。没有危机意识，只能被淘汰，没有人不可逾越，没有谁能永远“不可替代”。今天的你或许真的已不可替代，但明天呢？后天呢？龟兔赛跑的古老寓言还在职场不断重演，在这里从来就没有一劳永逸，而只有不断进取，挑战自己，让自己立于不败之地，成为不可替代的人。

没有人不可逾越，没有谁不可替代。物竞天择，适者生存，切莫得过且过。没有危机意识，只能被淘汰。其实，说到可有可无，就想到了非你莫属。总有些人认为自己不可代替。其实不然，没有人不可逾越，即使是公司董事长、总经理也有被别人取代的可能。或许，整体而言，某一行业是朝阳产业，但大多数从业者都知道，任何行业都会有被淘汰者。因此，只有时刻具有危机意识才能获得职业生涯的可持续发展。

随着社会的变迁，无论于人类还是动物、植物，“适者生存”似乎是普遍的规律。从古到今，没有一个事物不是经过了适应再适应才留下来的，例如有些生物的灭绝，其实并非人类的原因，而只是它们无法适应环境了。在辽阔的草原上，一只狼吃饱以后躺在温暖的阳光下睡着了，这是它的习惯，它每天就喜欢这样懒洋洋地躺着，感觉很舒服。突然有一天，一只狼飞快地跑近它说：“起来，赶紧跑吧，狮子来了……”它不以为然，照样躺在那里。由于狮子的到来，草原上的羚羊跑得更快了，那只躺在地上喜欢睡觉的狼，因为得不到食物，很快就饿死了。这则寓言故事告诉了我们一个很深刻的道理：物竞天择、适者生存。这是大自然的法则。在平静的草原上，没有狮子的存在，狼就是草原生命的主宰。但由于狮子的到来，打破了草原的宁静。羚羊以前为了逃避狼的抓捕，只要练习得比狼跑得快就行了。但是，狮子来了，羚羊为了逃避狮子的抓捕会跑得更快，狼

要得到食物就必须提高捕食的技能和狮子竞争才能生存。可那只睡觉的狼没有意识到自己生存的危险，照样停留在原来的基础上，不做任何改变，其死亡的结局也是必然的。

物竞天择、适者生存的法则同样也适用于人类。我们正生活在一个随时都面临着变化、面临着竞争的时代，要想让自己不被时代所淘汰，就要学会竞争、学会适应。我们没有办法改变世界，但是我们可以随着时代的步伐不断地改变自己、充实自己，使自己更快地适应这个社会。面对一个充满竞争的社会，只要我们鼓足勇气去竞争、去适应，你就是一个强者，就会生活得更好；反之，你就是时代的落伍者，就会被淘汰。

物竞天择，适者生存，这是自然法则。尤其在市场经济体制下，竞争日益激烈，弱肉强食，优胜劣汰是非常残酷的。曾经有人用“人造丛林”来比喻办公室的环境。说法虽然有点过火，但是却不能不承认，有时确实如此。办公室这个“人造丛林”犹如非洲的原始大森林。在森林中，不单有茂密的树木，还有奔走跳跃其间的各种野生动物。它们弱肉强食，演绎着“适者生存”的天则，延续着大自然的平衡。每个人都为了自己的利益殚精竭虑，不择手段。缺乏危机意识的人在这个“人造丛林”中无法生存，他最终只能被淘汰出局。在生存压力日益加重的今天，我们要有危机意识，学会感激自己的对手，才能突破事业瓶颈，让自己立于不败之地。

温馨提醒 只有不可替代的职位，没有不可替代的员工。

温馨提醒

只有不可替代的职位，没有不可替代的员工

当今社会，只有不可替代的职位，没有不可替代的员工。你处于什么样的位置，你就应有居于此位的能力。否则，必然会被淘汰出局。因此，在工作中，我们不能仅限于尽心尽力，而应是全力以赴；不能仅限于埋头苦干，而应是高效巧干。别人办事事倍功半，而你事半功倍，那么你的工作能力必然在单位里卓然突出，定会受到领导的赏识，否则只能被淘汰。因为，现实是没有人不可替代。

温馨提醒

8

第八把成功创业砍刀，砍不负责任的态度

把握责任，让责任创造成功机会。

第八把成功创业砍刀，砍不负责任的心态

- 第八把成功创业砍刀，是指创业者在创业路上砍掉创业者不负责任的态度，激活创业者敢于负责，敢于承担责任意识的一把创业砍刀。
- 砍掉不负责任的态度，实际上是让创业者具有高度的创业责任感和使命感，责任决定成败，责任创造卓越，责任是一种使命，责任是对工作出色的完成，责任是对职业精神的忘我坚守。
- 砍掉不负责任的态度，实际上是给人以力量，让人坚强，让人勇敢，让人脱颖而出，创造辉煌的业绩。
- 砍掉不负责任的态度，实际上就是不放弃责任，不失去责任，让责任创造机会，让责任创造业绩，尽心尽力，走向成功。
- 砍掉不负责任的态度，就是要强化责任、履行责任，责任心强，真正做到没有任何借口、不谈任何条件、不讲任何代价、不计任何得失，相反，责任心不强，在其位不谋其政，碰到问题不解决，遇到矛盾绕着走。
- 一个人无论从事何种职业，都应该尽心尽责，尽自己的最大努力，求得不断的进步，这不仅是工作的原则，也是人生的原则。如果没有了责任和理想，生命就会变得毫无意义。

第八把成功创业砍刀这一章为创业者归纳提炼了五种成功创业理念，这五种成功创业理念可以引领创业者把握责任，拥有高度的创业

责任感和使命感，也让创业者懂得责任能决定成败，责任能创造卓越，放弃了责任就等于放弃了成功机会，承担了责任就等于拥有了成功机会。

理念之一：挑战富有挑战性的工作，是架起成功的阶梯。凡成功者，都有一个共同的特质，那就是都善于挑战富有挑战性的工作。当代社会有许多的成功企业家，有哪一个不是具备了这样的素质？他们在自己的创业路上，不知道挑战了多少富有挑战性的工作任务，才成就了自己的梦想。因此，若想成为成功的创业者，成为一名著名的企业家，你从创业开始，就要树立挑战富有挑战性工作意识，这是走向成功的阶梯。

理念之二：强者、成功者承担责任；弱者、失败者逃避责任。敢于承担责任，是强者、成功者迈向成功的第一准则；富有责任感的强者、成功者，不为失败找理由，因为他敢于承担责任；不为错误找借口，因为他善于承担责任；不为企业添麻烦，因为他乐于承担责任。相反，不敢于承担责任、逃避责任的弱者、失败者是走向失败的原因。

理念之三：责任等于机会，靠近责任，就能获得机会。责任等于机会，靠近责任，就能获得机会。当你学会承担责任的时候，机会也就把握在你手中。多一份责任心，就多一份竞争力；多一份责任心，便赢得多一份的信任。除此之外，责任还可以传递，责任可以感化任何人，如果你对他人承担了责任，你就不必担心没有人对你承担责任。

理念之四：责任落实到哪里，哪里就看到成绩。用责任净化自己的心灵，将责任感、荣誉感、使命感融入到工作之中，使自己成为企业可以信赖的和勇于承担重任的人。大量实例证实责任落实到哪里，哪里就看到成绩。

理念之五：放弃责任就等于放弃了成功机会。责任乃成功之源泉。人是责任的载体，也是责任的复合体，责任是执行的基础，是企业有序进行的基石。放弃责任就等于放弃了成功机会，承担责任会为自己创造成功机会。

8.1 挑战富有挑战性的工作，架起成功阶梯

凡成功者都善于挑战富有挑战性的工作

挑战富有挑战性的工作，架起成功阶梯

古今中外，凡成功者，都有一个共同的特点，那就是都善于挑战富有挑战性的工作。世界上很少有报酬丰厚却不需要承担富有挑战性的工作。当富有挑战性的工作任务从前门进来时，你千万不要让它从后门溜走，那样可能会失去很多伴随着那些富有挑战性的工作任务而来的机会，机会往往和所承担的具有挑战性的工作有着因果关系。只要你养成了善于承担富有挑战性的工作习惯，你就会获得像成功者一样的成功机会。

挑战富有挑战性的工作，架起成功阶梯

古今中外，凡成功者，都有一个共同的特点，那就是都善于挑战富有挑战性的工作。例如，当代社会上有许许多多的成功企业家，有哪一个不是具备了这样的素质？他们在自己的创业路上，不知道挑战了多少富有挑战性的工作任务，才成就了自己的梦想。因此，若想成为成功的创业者，成为一名著名的企业家，你要从创业开始，就要树立挑战富有挑战性工作的意识。这是走向成功之阶梯。

世界上很少有报酬丰厚却不需要承担富有挑战性的工作。当富有挑战性的工作任务从前门进来时，千万不要让它从后门溜走，那样你可能会失去很多伴随着那些富有挑战性的任务而来的机会！机会往往和所承担的具有挑战性的工作有着因果关系。只要你养成了善于承担富有挑战性工作的习惯，你就有可能会获得像成功者一样的成功机会。

我国一位著名的企业家这样讲到："一个人的挑战性工作习惯养成与否，决定一个人的成败命运。"凡不敢向高难度的工作挑战或不敢承担具有挑战性的工作任务，是对自己的潜能画地为牢，只能使自己无限的潜能化为有限的成就。有许多时候，我们会接到老板交代的高难度工作任务，这些任务有时看来简直是不可能完成的。但

你千万不要放弃，要向“加西亚”一样，把这一高难度的工作任务毫无借口地，且勇敢而信心百倍地把接过来，然后，想尽一切办法把它完成。这是成功者的成功秘诀。但在当今的职场之中，很多人虽然颇有才学，且具备种种获得老板赏识的能力，但是却有个致命弱点：缺乏挑战性的勇气，只愿做职场中谨小慎微的“安全专家”。对不时出现的那些异常困难的工作，不敢主动发起“进攻”，一躲再躲。他们认为：要想保住工作，就要保持熟悉的一切，对于那些颇有难度的事情，还是躲远一些好，否则，就有可能碰得头破血流。结果，终其一生，也只能从事一些平庸的工作，当然也很难获得成功。

第二次世界大战过后，战胜国决定在美国纽约建立联合国。可是在寸土寸金的纽约，要买一块土地谈何容易。特别是联合国机构刚刚成立，身无分文，硬性摊派不合适，征求募捐也很难。正当各国政要一筹莫展时，美国著名的洛克菲勒财团决定投下一笔巨资，在纽约买下一大片土地，然后无偿地赠送给联合国。同时，洛克菲勒财团也将这块土地四周的地面都买下来。消息一传开，其他财团哗然，纷纷嘲笑洛克菲勒家族：如此经营，不要几年，必然破落。洛克菲勒财团则不管他人如何议论，决心不变，坚持将土地笑脸奉送。

几年之后，联合国大厦建立起来了，联合国事务开展得红红火火，那块土地很快变成全球的一块热土。于是，它四周的地价也不断升值，几乎是成倍成倍地飘升。结果，洛克菲勒财团所购买的土地价值直线上升，所赢得的利润相当于所赠土地价款的数十倍、上百倍。那些当初嘲笑洛克菲勒财团的大亨们，此时只能自嘲目力不济了。

一位老板描述自己心目中的理想员工时说：“我们所急需的人才，是有奋斗进取精神，勇于向‘不可能完成’的工作挑战的人。”具有讽刺意味的是，世界上到处都是谨小慎微、满足现状、惧怕未知与挑战的人，而勇于向“不可能完成”的工作挑战的员工，始终供不应求，是人才市场上的“抢手货”。

在如此失衡的市场环境中，如果你是一个“安全专家”，不敢向“不可能完成”的工作挑战。那么，在与“职场勇士”的竞争中，永远不要奢望得到老板的垂青。当你万分羡慕那些有着细小表现的同事，羡慕他们深得老板的器重或被委以重任时。那么，你一定要明白，他们的成功绝不是偶然的。他们之所以成功，得到老板青睐，很大程度上取决于他们勇于挑战“不可能完成”的工作。在复杂的职场中，正是秉持这一原则，他们磨砺生存的利器，不断力争上游，才能脱颖而出。

职场之中，**渴望成功，渴望与老板走得近一些，再近一些，是多数员工的愿望**。如果你也在其列，那么当一件人人看似“不可能完成”的艰难工作摆在你面前时，不要抱着“避之唯恐不及”的态度，更不要花过多的时间去设想最糟糕的结局，不断重复“根本不能完成”的念头——这等于在预演失败。就像一个高尔夫球员，不停地嘱咐自己“不要把球击入水中”时，他脑子里将出现球掉进水中的映像。试想，在这种心理状态下，打击出去的球会往哪里飞呢？

你也许会用“说起来简单做起来难”来反驳这些思想。其实，很多看似“不可能”的工作，困难只是被人为地夸大了。当你冷静分析、耐心梳理，把它“普通化”后，你常常可以想出很有条理的解决方案。你或许也发现了这样一种情况：在你的周围，那些十分自信的同事总能把工作完成得很好。而在你眼中，这些工作经常是不可能完成的。可是到了他们那里，一切都迎刃而解，也因此，他们越来越受老板器重。

此时此刻，在了解了自信的魅力后，相信你不会再对他们投注那么多的惊叹和质疑。要知道，如果你自己拥有了足够的自信，同样有能力化腐朽为神奇，将“不可能”变为“可能”。当然，在倾注信心的同时，你必须了解这些工作为什么被称为“有可能完成”。针对工作中的种种“不可能”，先把自身功夫做足做硬，“有了金钢钻，再揽瓷器活儿”。须知，挑战“不可能完成”的工作常会有两种结果，成功或失败。而你的挑战力往往使两者只有一线之差，不可不慎。

但换言之，如果你对自己的挑战力判断有误，挑战不可能完成变成现实，千万不要沮丧失望。聪明、成熟的老板，一定不会只看结果是成功还是失败了，决定你是否应该受到器重，他还会观察你的敢于挑战的工作态度和头脑的运用。他比任何人都明白，没有一种挑战会有马到成功的必然性。所以，你依然是老板喜爱的“职场勇士”。同时，你所经历的、所得到的，都是胆怯观望者们永远都没有机会知道的。因为，他们根本就不敢尝试。

温馨提醒 敢于接受挑战，赢得成功。

温馨提醒 → **敢于接受挑战** ← 温馨提醒

敢于接受挑战。不管你接受的工作多么艰巨，鞠躬尽瘁也要做好，千万别表现出你做不来或不知从何入手的样子。相反，你必须展示你解决新问题的思路和办法，这是独当一面的人所必须具备的。

8.2 强者承担责任，失败者逃避责任

用B级的人才办A级事情 → **用B级的人才办A级事情** ← 用A级人才办不了B级事情

美国格雷戈·金尼尔曾说：“用B级的人才办A级事情，用A级人才却办不了B级事情”。“如果你不懂得如何用一个三流人才为你做事，那么就算给你100个一流人才也无济于事”。其实，一个懂得管理的领导者，就算给他一只“绵羊”，他照样可以将它训练成一只“猛虎”，你给他一个庸才，他依然有办法让他做天才的事。

“尽责要尽心，尽责要尽力，尽责要负责”。比尔·盖茨曾说过：“人可以不伟大，也可以清贫，但不可以没有责任。”任何时候，都不

能放弃肩上的责任。扛着责任，就是扛着自己生命的信念，履行责任需要具备履行责任的能力。一个优秀的人才应该全面提高自己的素质和能力，让自己成为一个擅长于履行责任的人。现代企业在用人时非常强调个人的知识和技能。事实上，只有责任与能力并有的人，才是企业真正需要的人才。没有做不好的工作，只有不负责任的人，每一个员工都对企业负有责任，无论你的职位高低。一个有责任感的人才会给别人信任感，会吸引更多的人与自己合作。责任保证了服务，保证了敬业，保证了创造……可以说，“责任保证一切”。正是这一切，保证了企业的竞争力，也真正代表了一位员工对企业的责任感和忠诚度。

有一位伟人曾说：“人生所有的履历都必须排在勇于负责的精神之后。”责任能够让一个人具有最佳的精神状态，精力旺盛地投入工作，并将自己的潜能发挥到极致。一个员工能力再强，如果他不愿意付出，他就不能为企业创造价值；而一个愿意为企业全身心付出的员工，即使能力稍逊一筹，也能够创造出最大的价值来。这就是我们常常说的“用B级的人才办A级事情，用A级人才却办不了B级事情”。一个人是不是人才固然很关键，但最关键的还在于这个人才是不是一个企业真正意义上负责任的员工。当然，责任胜于能力，并不是对能力的否定。一个只有责任感而无能力的人，是无用之人。而责任则需要用业绩来证明，业绩是靠能力去创造的。对一个企业来说，员工的能力和责任都是动态的。

现代企业之间的竞争越来越激烈，员工的任何马虎都可能导致整个企业蒙受巨大的损失。所以，企业的领导者很注重对员工责任感的培养，有较强的责任感的员工不仅能得到领导者的信任，也是为自己的事业在通往成功的道路上奠定了坚实的人格基础。信守责任才能做好一切。大家都知道这样一道智力题：树上有10只鸟，猎人开枪打掉了一只，还剩下几只？当然一只也不会剩下。把这个故事引用到企业中，不也是如此吗？一个员工的不负责任，会让顾客对这家企业员工的服务产生怀疑。这就意味着，一个员工的不负责任就会影响到企业的一批员工，进而影响到企业的顾客群。这就是

“100 - 1 = 0”的原则。试想，一个在责任感方面很欠缺的员工又怎么能给顾客提供优质的服务呢？又怎么能树立企业良好的形象呢？企业里一个人缺乏责任感，那他所影响的不只是他自己，而是整个企业。这就是为什么很多企业要把责任融入到员工的日常生活中的原因。

强者、成功者承担责任，弱者、失败者逃避责任；一个人的能力对创造卓越成就的确很重要，但绝不是全部。有一样内在素质更重要，那就是你对工作、对做事有没有责任心，敢不敢于承担责任。比如：你的能力很强，也很会处理事情，但是由于你的骄傲自负、不负责任，那么就连很容易处理的事情，也会处理不好。因此，可以看到，一个缺乏责任感的人，或者一个不敢承担责任的人，首先会在社会大环境中失去对自己的本质认可，其次将会失去大家对自己的信任与尊重。那么，这个人必定将在社会的进步潮流中，逐渐被吞食、淹没，最后将一事无成。另一方面，只要你认真地、勇敢地担负起责任，你所做的就会取得厚重的价值，你就会获得别人的认可与尊重，你就会获得成就卓越的机会。

温馨提醒　强者、成功者承担责任，弱者、失败者逃避责任。

强者承担责任，弱者逃避责任

温馨提醒 → ← 温馨提醒

强者、成功者承担责任，弱者、失败者逃避责任。如果一个企业的员工兼有高度的责任感和优秀的个人能力，那么他就会乐观地迎接挑战，乐意担负起实现公司远景的责任。在完善和提升个人素质时，每个人都应当记住：“责任胜于能力！”服务于企业的每一位员工都应该铭记自己的责任。当然履行职责的最大回报就是，这位员工被赋予更大的责任和使命。因为，只有这样的员工才真正值得信任，才能真正担当起企业赋予他的责任。

8.3 责任等于机会，靠近责任，就靠近机会

拥抱「责任」，就能够获得机会

靠近责任，就能靠近机会

责任等于机会，靠近责任，就能靠近机会，走向成功。责任落实到哪，机会就在哪出现。靠近责任，抓住责任的人，实际上是抓住机会的人；逃避责任、远离责任的人，实际上是放弃机会的人。多一份责任，就多一份竞争力；多一份责任，就赢得多一份的信任。责任还可以传递，责任可以感化任何人，如果你对他人承担了责任，你就不必担心没有人对你承担责任。靠近责任，就能获得机会。

逃避「责任」，就等于放弃机会

责任等于机会，靠近责任，获得机会，走向成功。“机会”往往总是藏在“责任”的深处，只有聪明的人，才能够看到机会究竟藏在哪里。靠近责任，抓住责任的人，实际是抓住机会的人；逃避责任的人，看似世事通达，而实际是放弃机会的人。当你觉得自己缺少机会或职业道路不顺畅时，不要报怨他人，而应该问问自己是否承担了责任。

大量事实证明：当上司或老板让你做更多的事时，是因为重视你，应该认真去完成，而不是抱怨；让你承担更多责任时，是对你的奖赏，而奖品是锻炼的机会。当你觉得自己不被重视时，与其抱怨，还不如努力工作。如果真的被埋没了，就把埋没当做一次“修炼”的机会，履行你的职责，让业绩来证明你的实力，让你的上司或老板认识到你是有能力的，你能够胜任更重要的工作。所以，在很多时候，埋没你实际上是在考验你。如果你真是一块金子，就要主动发出灿烂的光芒，让人们追寻着光芒来发现你吧！

当我们要承担更重的责任之前，我们首先要磨炼自己，让自己的肩膀更坚实，让自己具备承担更重要的责任的能力。否则，当某一天被重用的机会来到时，你要么抓不住，要么被压垮。在一个人的成长

过程中，他所要学的东西很多很多。其中，学会承担责任，是他实现人生价值的重要一步。学会承担责任，是人生旅途中非常重要的一堂课。在这一堂人生课中，最精髓的讲义是：对自己的行为负责。丘吉尔有一句名言："伟人的代价就是责任。"世界上很多伟人们，他们在拥有崇高地位的同时，也担负着常人无法担负的责任。记住伟人名言，借鉴伟人的风范，当你学会承担责任的时候，机会也就把握在你手中了。

承担责任，获得机会。记得有这么一句话："因为负责，你将更加成熟。"一个人的成熟度，应该用他承担的责任来度量。他身上承担的责任，又是他立足天地间的竞争力，责任越大，竞争力就越强。用责任武装自己，是最具威力的。多一份责任心，就多一份竞争力；多一份责任心，便赢得多一份的信任。世界的改变要从我做起，责任的承担要从我开始。如果每一个人都做到这一点，那么世界上就不会有那些不负责任的人存在了。

远离责任，逃避责任等于失去机会。如果远离责任，逃避责任可以保护自己一时，那么，承担责任则可以长久地保护自己。因为，承担责任固然有被处罚的风险，但不承担责任，倒可能遭遇更大的风险，如丢掉工作、前程等。所以，如果你是聪明的，如果你真想让自己有属于自己的一席立足之地，能够青云直上。那么，就不要用逃避的方式保护自己，而是迎着责任前进。

靠近责任，获得机会。责任加上认真，天下就再无难事。主动承担责任，认认真真工作，是真正聪明的人。他们不仅因此取得好业绩，获取丰厚物质回报，更让自己拥有愉快的工作情绪。那不是很完美吗？珍惜永远比寻找更重要。与其东奔西跑，还不如把手中的事情做好。做好手中的事情，才是把握机会最现实的方法。而要把事情做好，那首先要学会承担责任。学会承担责任，学会抓住机会，学会做事。平时，可能我们也推卸过责任。那么，我们是否从此时开始，学着去承担责任呢？从小事做起，要勇于承担责任，那么我们成功的机会就会更多。我们要永远记住责任等于机会，靠近责任，就能获得机会，迈向成功。

温馨提醒 把责任放在心中，把借口抛到云霄中。

把责任放在心中，把借口抛到云霄中	
工作意味着责任，体现着执行力。责任就是勇气，责任就是智慧，责任就是取之不竭，用之不尽的力量。对企业员工而言，工作就意味着责任，无论在怎样的工作岗位上，都要高度负责，不要用任何借口来为自己开脱或搪塞，负责的接受和执行是唯一的选择。	把责任放在心中，把借口抛到云霄中，从点点滴滴做起；把责任放在心中，从诚信敬业做起；把责任放在心中，从不讲任何借口做起。如果每一个人都能做一个顽强的人、一个有责任心的人、一个不讲任何借口的人、一个执行力很强的人，那么，我们的理想就会实现；我们的事业就会像红日初升一样。

温馨提醒 → ← 温馨提醒

8.4 放弃责任，就等于放弃了成功机会

放弃责任就等于放弃了成功机会 →

责任落实在哪里，哪里就看到成绩
责任乃成功之源泉。责任是一种使命，责任心是一种使命感，是自觉地把份内的事做好的一种心态，是一个人对自己的所作所为负责，是对他人、对企业、对社会、对国家，乃至整个人类承担责任和履行义务的自觉态度。如果一个人没有高度的责任心，即使有再大的能耐也做不出人间奇迹来。要永远记住责任等于机会，承担责任，就是迈向成功。实践已证明，责任落实到什么地方，就会在什么地方看到成绩，放弃了责任，就等于放弃了成功。

← 承担责任会为自己创造成功机会

放弃责任就等于放弃了成功机会。人是责任的载体，也是责任的复合体，责任是执行的基础，是企业有序进行的基石。如果说智慧和勤奋像金子一样珍贵的话，那么还有一种东西则更为珍贵，那就是勇

于负责的精神。任何时候，我们都不能放弃肩上的责任。扛着它，就是扛着自己生命的信念。如果放弃责任，就等于放弃生存或成功的机会。

古人云："不患无策，只怕无心。"责任是生存的根基，责任是成功的法则，依据这个法则，才能够存活、成功。当今社会有不少人对责任存有这样的认识："别人不负责，我想负责也负不起来"——讲无法负责任，也就是放弃责任；"大家都不负责，我一个人负责也白搭"——讲责任无用，事实上还是在讲放弃责任；"别人对我不负责，我对别人负责是犯傻"——讲责任吃亏。凡此种种，是对责任观的肢解和歪曲。只有将自己承担的责任先负起来，才能影响和带动周围的人负责，形成一个负责任的氛围，而不能用自己的不负责去淡化负责的氛围。正如团队是由团队成员构成的一样，离开每个成员的责任感，这个团队就难以形成一个负责任的团队。"放弃了自己对社会的责任，就意味着放弃了自身在这个社会中更好的生存机会。"同样，如果你放弃了自己对工作的责任，就意味着放弃了在公司里更好发展的机会。没有责任感的人，任何一个公司老板都会弃若敝履，即使侥幸留在公司里，也永远不会获得成功。

案例一：古代齐国大臣崔杼谋杀了国君，害怕事情传出去，强令太史伯把国君的死因写成害冷热病。太史伯正言厉色地回答："如实记载是史官的责任。"说完如实记载下："夏五月，崔杼 谋杀了国君。"崔杼大怒，一刀劈死了太史伯。太史伯的弟弟仲接替了哥哥的职位，又如实记录了崔杼杀害国君的事。崔杼横眉怒目地问："你难道不知道你哥哥是如何死的吗？"太史仲面不改色："史官只怕记事不实，如何怕死。"太史仲也被劈死。太史叔接过工作后，还是一字不改，也被崔杼杀害。轮到太史季时，崔杼怎么也想不到太史季这样回答："你已杀害了我的 3 个哥哥，可是事情是怎样，我就怎样记录，这是史官的职责。我情愿死，也决不放弃我的职责。"四位史官的责任感使这段历史被如实记录下来，让这四位史官成为最富有责任感的人。

案例二： 曾有大禹为治水“三过家门而不入”；曾有海瑞治水“为民请命甘于牺牲自己”；曾有刘备“为平定战乱、统一全国而三顾茅庐”；曾有一百零三天的“百日维新”；曾有谭嗣同“我自横刀向天笑，去留肝胆两昆仑”；曾有顾炎武的“天下兴亡，匹夫有责”；曾有孙中山的“寻求救国之路”；曾有尧的“天下若有一人饥，如己饥；天下如有一人寒，如己寒”；曾有恽代英的“治人者必先自治，责人者必先自责，成人者必先自成”；……

要想事业有成，就要像华盛顿、古代齐国四位史官、大禹、谭嗣同等有高度责任感的人那样，树立勇于负责的职业精神。敢于负责，会让你敢于承担更大的责任，这样自然会得到老板的器重，将你培养成公司的顶梁柱。勇于负责，会让你的人格变得高尚，赢得同事的尊敬和老板的赏识。这些都是在向你未来的成功和辉煌积极地迈进。

温馨提醒 放弃了责任，就意味着放弃了成功机会。

责任是生存的根基 → **承担责任，就等于迈向成功** ← 承担责任是成功的法则

“别人不负责，我想负责也负不起来”——讲无法负责任，也就是放弃责任；“大家都不负责，我一个人负责也白搭”——讲责任无用，事实上还是在讲放弃责任；“别人对我不负责，我对别人负责是犯傻”——讲责任吃亏。凡此种种，是对责任观的肢解和歪曲。只有将自己承担的责任承担起来，才能走向成功。放弃了责任，就意味着放弃了成功机会。

8.5 凭借承担责任，赢得老板信任，走向成功

凭借承担责任，赢得老板信任，走向成功。一个人无论从事何种职业，都应该尽心尽责，尽最大努力，求得不断的进步。这不仅是工

能勇于承担责任的人是值得信赖的人

凭借承担责任，赢得老板信任，走向成功

凭借承担责任，赢得老板信任，走向成功。尽心尽力，勇于负责，是做好工作、取得成功的原则。一个不负责任、没有责任意识的员工，不但不会忧企业之忧，想企业之想，而且有可能给企业带来损失。只有那些尽心尽力、勇于承担责任的人，才有可能被赋予更多的使命，才有资格获得更大的荣誉，才有机会获得更大的成功。

凭借承担责任，赢得老板信任

作的原则，也是人生的原则。如果没有了责任和理想，生命就会变得毫无意义。

哈伯德说："我敬佩那些不论老板在不在都能坚持做好工作的人。我也敬佩那些能把信带给加西亚的人，他们只是默默地接受这个使命，不会提出任何幼稚的问题，也用不着担心他们一出门就会把信扔进下水道里，或者不去送信而做出其他愚蠢的举动，他们永远都不会被解雇，更不必为了加薪而罢工。"

这段话给了我们很深刻的启示。虽然工作能力出色的员工肯定会受到老板的喜欢，但是那些在工作中尽职尽责、具有高度责任感的员工更是所有老板都青睐的人选。因为，只有像罗文一样不讲任何条件，没有任何理由，只会接受任务，然后凭借自己的忠诚、敬业最终完成领导者交给的任务的人，才是值得一个企业花费心力去栽培的。即使他们面临严重的困难，或者层层阻隔，这都不重要。因为，他们只想完成任务，他们知道领导者要的就是结果，而不是其他什么。没有完成任务就是一个送信人最大的失职和不负责任。

大量事实说明，一个不负责任、没有责任意识的员工，不但不会忧企业之忧，想企业之想，而且有可能给企业带来损失。只有那些承担责任的人，才有可能被赋予更多的使命，才有资格获得更大的荣誉，才有机会获得更大的成功。

案例一： 艾尔和比尔是速递公司的两名职员，他们俩是工作搭档，工作一直很认真、也很卖力。上司对这两名员工很满意。然而，一件事却改变了两个人的命运。一次，艾尔和比尔负责把一件很贵重的古董送到码头，上司反复叮嘱他们路上要小心。没想到送货车开到半路却坏了。如果不按规定时间送到，他们要被扣掉一部分奖金。于是，艾尔凭着自己的力气大，背起邮件，一路小跑，终于在规定的时间赶到了码头。这时，比尔说："我来背吧，你去叫货主。"他心里暗想：如果客户看到我背着邮件，把这件事告诉老板，说不定会给我加薪呢。他只顾想，当艾尔把邮件递给他的时候，一下没接住，邮包掉在了地上，"哗啦"一声，古董碎了。

"你怎么搞的，我没接你就放手。"比尔大喊。"你明明伸出手了，我递给你，是你没接住。"艾尔辩解道。他们都知道古董打碎了意味着什么，没了工作不说，可能还要背负沉重的债务。果然，老板对他俩进行了十分严厉的批评。"老板，不是我的错，是艾尔不小心弄坏了。"比尔趁着艾尔不注意，偷偷来到老板的办公室对老板说。老板平静地说："谢谢你。比尔，我知道了。"

老板把艾尔叫到了办公室。艾尔把事情的原委告诉了老板。最后说："这件事是我们的失职，我愿意承担责任。另外，比尔的家境不太好，他的责任我愿意承担。我一定会弥补我们所造成的损失。"

艾尔和比尔一直等待着处理的结果。一天，老板把他们叫到了办公室，对他们说："公司一直对你俩很器重，想从你们两个当中选择一个人担任客户部经理，没想到出了这样一件事。不过也好，这会让我们清楚哪一个人是合适的人选。我们决定请艾尔担任公司的客户部经理。因为，一个能勇于承担责任的人是值得信任的。"

对于任何一位员工来说，无论做何事，务必竭尽全力。因为，它决定一个人日后事业上的成败。一个人一旦领悟了全力以赴地工作能消除工作辛劳这一秘诀，他就掌握了打开成功之门的钥匙了。能处处以主动尽职的态度工作，即使从事最平庸的职业也能增添个人的荣耀。

温馨提醒 像“罗文”一样拥有责任，定能走向成功。

温馨提醒

像“罗文”一样拥有责任，定能走向成功

只有像“罗文”一样不讲任何条件，没有任何理由，只会接受任务，然后凭借自己的忠诚、敬业最终完成领导者交给的任务的人，才是值得一个企业花费心力去栽培的。即使他们面临严重的困难，或者层层阻隔，这都不重要。因为，他们只想完成任务，他们知道领导者要的就是结果，而不是其他什么。没有完成任务就是一个送信人最大的失职和不负责任。

温馨提醒

9

第九把成功创业砍刀，砍不服从的观念

秉承服从理念，立于不败之地。

第九把成功创业砍刀，砍不服从

- 第九把成功创业砍刀，它是指创业者在创业路上砍掉不服从的思想意识，服从上级命令不打折扣，执行规定不讲借口的一把创业砍刀。
- 砍掉不服从，就是接受上级的指令、老板交付的任务，接受了任务和指令就意味着做出了承诺。做出了承诺，就要毫无借口地去服从，无条件地去执行，不打折扣地去做事，也就是100%地去执行。做到有令必行，有禁必止。
- **砍掉不服从**，实际上就意味着高效率的执行，一个高效率的执行团队一定要具有强烈的责任感和服从观念，一个优秀卓越的创业者大都是服从的典范。
- 试想一个团队如果都不能无条件地服从上司的指令，这样的团队一定是涣散的、无战斗力的，必将走向失败；反之，一个服从意识很强的团队，则能产生强大的执行合力，必将走向成功。

第九把成功创业砍刀这一章为创业者归纳提炼了四种理念，这四种理念可以引领创业者把握秉承“服从”理念的真正内涵，让创业者真正感悟到“服从是金，被动服从是石”。也告知创业者一个事实：今天不努力有可能“今天是领导者，明天就是被领导者；相反，今天是服从者，明天就是命令者”。

理念之一：今天是服从者，明天就是命令者。“想当好领导者，首先要当好被领导者”。秉承这一理念，就是告诉大家领导者与被领导者的岗位不是一成不变的，今天是被领导者，但由于努力明天就可能成为领导者；今天是领导者，但由于工作的需要，明天可能成为更高级的领导或成为被领导者，或因个人主观不努力，被企业所淘汰。

理念之二：服从老板是天职，服从上司是命令。秉承服从理念，立于不败之地。无条件地服从老板命令是企业员工都必须奉行的行为准则，是员工不打折扣、没有借口服从的行为轨迹或模式。秉承服从这一理念，是企业老板评价下属的一个尺度，也是员工能发挥出超强执行能力而走向成功的法则。作为一名卓越优秀的员工，必须视服从为天职。因为，老板的地位、责任使他有权发号施令；同时，老板的权威、整体的利益，不允许部属抗令而行。

理念之三：老板永无错，服从老板不会有错。老板或上司永无错，服从老板或上司无错，这是成功者走向成功所秉持的理念。老板或上司绝对不会有错，如果发现老板或上司有错，一定是你自己看错；如果自己没有看错，一定是因为自己的错，才让老板或上司犯错；如果是老板或上司他自己的错，只要他不认错，那就是你自己的错；如果老板或上司不认错，你还坚持他有错，那就是你的错。总之“老板或上司绝对不会有错”这句话绝对不会错。

理念之四：服从是金，折扣服从是石。世界500强企业无不证明，服从是金，折扣服从是石。只有绝对服从，员工才有超强的执行力，团队才有卓越的执行力；只有绝对服从，团队的卓越执行力才能为企业带来长久发展的动力。员工的服从意识越强，越能执行到位，越能出色地完成任务。员工的服从意识，决定了团队执行的成功与否，只有员工的服从，才能形成团队的合力，提升团队执行效力。

9.1 今天是服从者，明天就是命令者

今天是服从者，明天就是命令者。大家知道，领导者与被领导者的岗位不是一成不变的。今天是被领导者，明天就可能成为领

今天是服从者，明天就是命令者

今天是服从者，明天就是命令者

领导者与被领导者的岗位不是一成不变的，今天是被领导者，明天就可能成为领导者；今天是领导者，由于事业的需要，明天可能成为更高级的领导或退居二线，或成为被领导者，或因个人主观不努力，被事业所淘汰。

一个讲究高效的企业必须要员工有服从观念、服从意识。在一定程度上，服从也是一种品质。服从是行动的第一步，服从是敬业的一种表现，没有服从的观念、意识就很难在企业中立足，服从是企业秩序建立的保证，是一种企业凝聚力的表现。

命令就是命令，服从是军人的天职

导者；今天是领导者，由于事业的需要，明天可能成为更高级的领导或退居二线，或成为被领导者，或因个人主观不努力，被事业所淘汰。我们平常说学习如逆水行舟，不进则退。工作也是这样，任何一个领导，不思进取，在思想、工作、学习上就会“滑坡”，就会从领导位置上掉下去，成为被领导者；而被领导者在工作实践中，只要努力进取，执著地对待事业，也将会成为不同级别的领导者。

“想当好领导者，首先要当好被领导者”。这个理念来自有“商界西点军校”之称的哈佛商学院。西点军校以培训军官而举世闻名。在那里，每个学员首先要学会的是如何服从。学员上的第一堂课，就是学会把自己的个性全部抹除：所有人的名字都统一换成编号，头发剪成同一发型，衣服全部换成校服。这样做的目的是让每个人都去掉自我，更好地融入团队。其次，每个人都必须学会承担责任和服从。不管上级问什么问题，都只能从两个答案中选择：“是”和“不是”。一个好的军官，必须从学会服从开始。因为军令如山，服从命令是军人的天职。任何个人主义和英雄主义，在战场上都可能导致一场灾难的发生。企业中的被领导者也必须同军人一样服从他的上司或老板领导。如果每个员工没有大局意识、过分强调自己的个性，那么这个团队就是一盘散沙，没有凝聚力与战斗力。团队的核心竞争力，就是管理者融入团队之中去。不管是哪种类型的组织，皆同此理。

在微软公司，曾发生过这样一件事情：微软公司的某副总裁A辞掉了手下一位名叫B的总经理。因为总经理B虽然才华过人，但却桀骜不驯、傲慢专横。尽管副总裁A十分爱才，希望总经理B留在公司，但他不能容忍总经理B的这些毛病。因为，这些毛病会带坏自己辛辛苦苦打造出来的团队。当时，很多技术专家都来为总经理B求情，但是副总裁A很坚定地告诉他们："总经理B聪明绝顶不假，但是他的缺点同样严重，我永远不会让他在我的部门做经理。"结果，比尔·盖茨听说这件事后，出于爱才之心，主动要求将总经理B留下，做自己的技术助理。这件事给一向傲慢自负的总经理B带来了极大的触动，也让他开始意识到自己的缺点和不足。7年后，凭着自己的努力总经理B逐步晋升为微软公司的资深副总裁。而且非常凑巧，他成为副总裁A的上司。总经理B不是一个心胸狭窄的人，他并没有对副总裁A怀恨在心，反而非常感激他。因为，正是副总裁A把他从恶习中唤醒，让他有了今天的成就和地位。总经理B不仅没有报复副总裁A，反而在管理方面虚心向副总裁A请教。这时的总经理B已经懂得了怎样做一个好的领导者。同时，副总裁A也表现得非常优秀。当总经理B成为他的上司后，他并没有流露出任何不服气的想法，而是非常积极地配合总经理B的工作，两人相处得非常融洽，一直为公司的发展而共同努力。总经理B刚开始因为无法当好一个被领导者而降职，后来却因为当好了一个被领导者而晋升。从他的一降一升中，我们可以看出，当好一个被领导者是多么重要。在总经理B身上，我们可以看到很多企业领导者共同的影子：聪明、有能力、有业绩，但同时也因此很自负、有个性、不甘心听从别人的指挥。对任何组织来说，成员的能力和个性是不能完全画等号的，个性更需要服务于整个组织。

温馨提醒　命令就是命令，服从就是军人天职。

温馨提醒

命令就是命令，服从就是军人天职

把团队当作一个军队，军人以服从命令为天职！员工的天职就是服从，绝对服从，无条件的服从！什么是天职？天职就是企业老板给予的责任，不服从就是与老板作对。纪律是军队的生命，没有严明的纪律，装备再好，个体素质再高，也难以发挥强大的战斗力。服从为行动的第一步，当一个人处于服从者位置上的时候，就要做到遵照上级指示去做事。服从人必须做到暂时放弃个人的独立主义，全心全意去遵循所属机构价值观念。

温馨提醒

9.2 服从老板是天职，服从上司是命令

员工服从老板是天职

员工服从老板是天职

在企业里，员工与老板，会因为职务不同，而导致视野、境界不同。最关心企业生死的是老板，最希望企业发展壮大的也是老板，员工的“主人翁”意识再强，也不可能超过老板；员工的知识、能力、魄力再大，也大不过老板。如果超过了，那他应该也会成为老板。因此，员工和老板的视野差距、境界差距是客观存在的。懂得这一点的员工，往往能够坚决服从老板的领导，执行老板的命令，而不是站在自己的立场上，去评判老板的决策正确与否，然后再根据自己的判断来决定是否执行老板的命令。因此，员工服从老板是天职，是走向成功的阶梯。

员工服从老板是法则

员工服从老板是天职，这是老板评价下属的一个尺度，也是员工走向成功的法则。大多数成功者，不是因为他们有多少新奇的思维、方法，而是因为他们共同执行着一项最有效的活动——不打折扣、没有借口地服从轨迹或模式，也就是“无条件地服从老板命令”。无条件服从命令是企业员工都必须奉行的行为准则，作为一名卓越优秀的员工，必须视服从为天职，必须服从上司命令、服从公司指派、与上

司密切配合，从而让上司放心。

服从是第一位的，是天经地义的。无论任何人，只要他处在服从者的位置上，就要遵照上级指示做事，就要暂时放弃个人的独立自主，100%的去执行上级的决策。沃尔玛创始人沃尔顿说：“没有服从就没有执行，团队运作的前提条件就是服从。我们要的不是和领导作对的员工，而是服从领导决策，第一时间完成任务的员工。”

一个成功卓越的企业必须有良好的服从观念，一个卓越优秀的员工也必须有服从意识，两者的关系是相辅相成的。因为企业的高速发展，**不允许部属折扣执行或抗令而行**。一个团队，如果下属不能无条件地服从上司的命令，那么在达成共同目标的过程中，则可能产生障碍；反之，则能发挥出超强的执行能力，使这个团队走向成功。

所以说，服从是成为优秀员工的首要条件。只有定位好自己服从的角色，才能在激烈的职场竞争中立于不败之地，也才能使你成为公司不可或缺的员工，甚至是公司的高层领导！

总而言之，服从对任何组织来说都是至关重要的。没有服从理念的组织，只能称之为“乌合之众”。作为员工只有磨合好自己的服从意识，才有可能远离乌合之众，走向成功。

卓越优秀的员工必须有服从意识，秉持服从的理念。因为，**老板的地位、责任使他有权发号施令；同时，老板的权威、整体的利益，不允许部属抗令而行**。一个团队，如果下属不能无条件地服从老板的命令，那么在达成共同目标时，则可能产生障碍；反之，则能发挥出超强的执行能力，使团队胜人一筹。

总之，无论你在公司的职位有多高，只要你身为公司的员工，你就要谨记一点：你是来协助上司完成经营决策的，不是由你来制定决策的。所以，上司的决定，哪怕不尽如你意，甚至与你的意见完全相反，当你的建议无效时，你应该完全放弃自己的意见，全心全力去执行上司的决定。在执行时，如果发现这项决议的确是错误的，尽可能地使这项错误造成的损失降到最低限度，这才是你应有的态度。

温馨提醒 服从与否，决定其成败。

温馨提醒 → **服从与否，决定其成败** ← 温馨提醒

服从是一种美德，商场如战场，服从的观念在企业界同样适用。每一位员工都必须服从上级的安排，就如同每一个军人都必须服从上司的指挥一样，处在服从者的位置上，就要遵照指示做事。大到一个国家、军队，小到一个企业、部门，成员是否能坚决地服从上司或老板的决定将决定其成败。

9.3 服从是金，折扣服从是石

服从是金，折扣服从是石 → **成功与失败，服从说了算** ← 成功与失败，服从说了算

员工的服从意识越强，越能执行到位，越能出色地完成任务。员工的服从意识，决定了团队执行的成功与否，只有员工的服从，才能形成团队的合力，才能发挥团队的作用，才能做成事，实现企业效益。只有服从，员工才有执行的动力；只有服从，员工才能执行到位；只有服从，企业团队才能执行到位，执行到位才能发挥出团队的卓越执行能力；只有员工执行到位，团队执行到位，企业目标的实现才能得到保证。

服从是金，折扣服从是石。对于企业来说，无论大小，它的使命都是把目标和计划变成现实，这个过程，就是体现企业执行力的过程。像海尔一样具有超强的执行力，是每个企业的追求。但能做到这一点，却并非那么容易。员工服从领导，下级服从上级，部门服从公司，公司服从集团，只有绝对的服从，才能有统一的行动；才能使企业形成真正的合力，心往一处想，劲往一处使；才能发挥出无坚不摧的巨大威力。海尔的成功，在于它一切行动听指挥的严明纪律，在于它严明纪律保证下的绝对服从，以及绝对服从带来的高效巨大的执行力。这

是海尔文化的灵魂，是海尔文化的生命力所在。

服从是团队创业成功的原则，也是员工成功的基础。对于企业团队来说，没有服从，一切都无从谈起。一个具有卓越的执行力的企业，一定是建立在意志统一、绝对服从、令行即止的基础之上的；一个优秀的员工，一定是具有绝对服从的意识，积极服从，主动服从的理念。两者之间互为因果，相辅相成。企业老板不允许员工我行我素、抗令不遵；员工也只有服从企业老板才能走向成功。

要学会服从，自觉服从，主动服从，必须从日常行为做起，养成时时服从，事事服从的习惯。对于一个企业老板，如果有人问他们什么样的员工最令人头疼、最难管理，我相信大多数都会回答，那些不服从工作安排，不服从老板决策的员工，最令人头疼，最难以管理。这样的结局就是互炒鱿鱼，不是被领导炒掉，就是炒了领导。“无条件服从”是每一个员工必须严格遵守的原则，他们的日常行为和习惯，永远不能违背这一原则，否则就会受到处罚。

打开《服从就是力量》这本书，就会发现，这是一把打开团队成功之门的金钥匙。它不仅告诉你，要提升团队的执行力，必须有服从团队的优秀的人。任何整体的巨大力量都来自于个体的服从精神，只有个体服从组织，组织服从社会，才能产生巨大的凝聚力，提高执行力，从而促进团队的发展。

这本书从7个方面，详细论述了服从的力量、力量的源泉和这种力量在企业发展、个人成功方面发挥的巨大作用。从员工进入企业的第一天起，企业就通过企业文化培养员工的服从习惯。在员工的具体工作中，服从是执行力的保障，离开服从，执行力自然大打折扣。只有服从，才能充分唤起员工的责任心，有了责任心，自然能带来无穷的创造力。也只有服从，才能发挥团队精神，提高团队凝聚力，打造团队卓越的执行力。个人的成长离不开企业，要想成为一名优秀的员工，就要树立服从意识，忠诚于企业，积极主动服从。都说：“服从是军人的天职”！那么我们要说：“服从是一种美德！”这是我们看过《服从就是力量》一书后的最大的感受。

“没有规矩不成方圆。”如果没有服从，企业将会溃不成军，何谈竞争和生存。对于命令，首先要服从，执行后方知效果；还未执行，就发挥自己的“聪明才智”，大谈见解和不可执行的理由，带着成见去工作，那还怎么能做好工作呢？对于有瑕疵的命令，首先还是服从，在服从后与领导交流意见，共同改进和提高，“先集中后民主”。所以说，一个成功企业的文化中最重要的一点就是“服从”，只有“服从”才能造就一支高效率、富有战斗力和竞争力的队伍，才能使企业立于不败之地。

只有服从才能不折不扣地去执行，没有服从就谈不上执行。一个高效的企业必然有良好的服从理念，一个优秀的员工也必须有服从意识。因为，所有团队运作的前提条件就是服从。从某种意义上说，没有服从就没有一切。一个优秀员工不但把公司规定的职责执行到位，而且能根据具体的市场状况向上级提出更多的合理有效的意见，在执行的时候能更加吻合公司的意图，并且提高效率和节省成本。

一个高效的团队必须有良好的服从观念，一个优秀的人也必须有服从意识。因为上司的地位、责任使他有权发号施令；同时，上司的权威、整体的利益，不允许下属抗令而行。一个团队，如果下属不能无条件地服从上司的命令，那么在达成共同目标时，则可能产生障碍；反之，则能发挥出超强的执行能力，使团队胜人一筹。我们每一位员工在团队中必须全心全意遵从团队的价值观，在高度认同的前提下，绝对地服从团队的制度和文化，从而提升执行力，提高效率，产生巨大的力量。

温馨提醒 团队的执行力，来自员工的服从力。

团队的执行力，来自员工的服从力

温馨提醒 → 只有绝对服从，员工才有超强的执行力，团队才有卓越的执行力；只有绝对服从，团队的卓越执行力才能为企业带来长久发展的动力；只有服从才能把企业经营哲学贯穿到企业的经营过程之中，才能真正体现企业经营哲学的指导方针作用。只有服从才能形成企业正确的价值观，才能用价值观引导企业向正确的方向前进。只有服从才能发挥企业团队的作用，增强团队的执行力。 ← 温馨提醒

9.4 老板永无错，服从老板不会有错

老板永无错，服从老板→

老板永无错，服从老板不会有错

老板永无错，服从老板不会有错，这是成功者走向成功所秉承的理念。老板绝对不会有错，如果发现老板有错，一定是你自己看错；如果自己没有看错，一定是因为自己的错，才让老板犯错；如果是老板他自己的错，只要他不认错，那就是你自己的错；如果老板不认错，你还坚持他有错，那就是你的错。总之“老板绝对不会有错”这句话绝对不会错。

←下属说上司有错，肯定是下属的错

老板或上司永无错，服从老板或上司无错。今天他既然当你的老板或上司，肯定有比你强的地方或优势。老板或上司所拥有的不只是资产和地位，更重要的是还有他在商场上的阅历。可以这么说，绝大多数老板或上司都是行业的前辈或专家，以他的经验和阅历为基础，老板犯错的比例一般比下属低。有时看上去是老板或上司错了，可结果证明老板或上司对了的事情并不少见。因为，老板或上司和你站的角度不同，看问题或思考问题的角度或方法不同，自然会存在差异，甚至会有截然不同的意见。如果你一定执行你认为是错误的命令，那你唯一能做的是：**服从你的老板或上司，认真去执行**。在执行的过程中，要积极主动地报告你的工作进度和工作中出现的问题，凭着你不断报告的工作进度，老板或上司不是傻子，是终止还是继续，他会清楚的。即使最后证明老板或上司错了，你也不要难过，毕竟你已经尽了力。

总之，作为下属，你要时刻铭记：老板或上司是你最大的顾客。面对顾客，要像沃尔玛的经营理念一样——顾客永远是对的。**假如你力争证明老板或上司错了，那么你才是真正错了。下属服从老板或上司，是一个基本的原理，服从原则是上下级关系的一条重要原则**。下面的原则，充分体现了老板或上司永无错，服从老板或上司无错的

思想。

——老板或上司绝对不会有错。

——如果发现老板或上司有错，一定是你看错。

——如果你没有看错，一定是因为你的错，才让老板或上司犯错。

——如果别人说老板或上司有错，那一定是你听错，不去阻止谣言就是你的错。

——如果是老板或上司的错，只要他不认错，他就没有错。

——如果老板或上司不认错，你还坚持他有错，那就是你的错。

——如果做下属的不能用婉转一点的方法告诉老板或上司是他的错，怎么说都是下属的错。

——总之老板或上司绝对不会有错，这句话绝对不会错。

大家知道员工的成功是和老板联系在一起的，帮助老板做好工作也就意味着员工的成功。老板赢员工就赢，这是常识。违背常识，员工是无法成功或生存的。别怀疑老板的眼力，承认老板的权威，多向老板请教。给老板建议，但不要有敌意，要让老板感到你是在帮助他建立影响力，而不是在评判他。和老板一起成功，仅靠服从老板的指令是不够的，你还要学会欣赏他，认同他的理念和工作风格。止步于服从对于建立有效的合作关系并不够。心不甘情不愿的服从，甚至阳奉阴违只会适得其反。你一定要从心底里真正认同老板的决定，你才会付出百分百的努力，才能赢得成功的机会。

也许你认为老板并不比你高明。但事实上，老板之所以获得高于你的职位，一定是有比你高明的地方，只是由于你的偏见影响了对老板的判断。牢骚和抱怨于事无补，不如努力去挖掘老板身上那些优越于你的地方——它的确存在，尊敬他、欣赏他、向他学习。只要你能抱着这样的心态，即使暂时和老板有隔阂、有误会，最终也会慢慢消解的。

不得不承认，有些上司的确很难相处。你可能会碰到心胸狭隘的老板，不愿意合理回报你的忠心、你的付出，更甚至于无视你的贡献。即使这样也不要产生抵触情绪，你要学着理解。他可能会因为主观情绪而无法对你做出客观的判断。在这种情况下，其实是锻炼你的好机会。你应该学会自我评价、自我肯定。只要你全力以赴、问心无愧，就可以借这样的磨炼提高自己的能力，丰富经验，开阔心胸。这些都是下属取得成功的必备素质。

温馨提醒 企业员工呼唤服从。

温馨提醒 → **企业员工呼唤服从** ← 温馨提醒

无论你在公司的职位有多高，只要你身为公司的员工，你就要谨记一点：你是来协助上司完成经营决策的，不是由你来制定决策的。所以，上司的决定，哪怕不尽如你意，甚至与你的意见完全相反，当你的建议无效时，你应该完全放弃自己的意见，全心全意地服从上司的决定，没有服从，企业将会溃不成军，更不可能在当今激烈的市场竞争中立足。假如你没有服从的观念，也就不可能有所发展，更不可能有成功。

9.5 秉承服从理念，立于不败之地

秉承服从理念，不折不扣地执行 → **秉承服从理念，是成功者成功的秘诀** ← 秉承服从理念，是成功者成功的秘诀

秉承服从理念是员工走向成功必须树立的理念，也是企业立于不败之地必须解决的第一要务。对上司已做了决定的事情，理解了要服从，不理解的也要坚决服从，努力执行。在服从领导决定的同时，主动献计献策，即积极配合领导工作，展现自己的才华。如果有不同意见，可以在领导没做决策前提出建议，一旦领导决定了，就要坚决服从。“令行禁止”的企业才有高效率，才有竞争力。

秉承服从理念，立于不败之地。服从的实质，就是无条件地遵从上级的指令。服从者必须放弃个人的主见，一心一意地服从其所属组织的价值理念和指令。一个团队，如果下属不能无条件地服从上司的命令，那么就很难达成共同目标。

服从就是无条件地执行决策者的命令，就是不找任何借口，卓越完美地完成上司或老板交代的任务。服从是建立在责任的基础之上的，一个有责任心的人，不用别人强迫，不用他人督促，就能自觉地、不打折扣地服从命令，积极地完成任务。

无条件地服从上司或老板的指令，是把事情做对、走向成功的重要保证。服从理念是员工走向成功者必须树立的理念，也是企业立于不败之地必须解决的第一要务。员工只有学会了服从，勇敢地承担起应有的责任，才能不断提高自己的能力；企业只有在以服从为天职的员工的共同努力下，才能不断创造更辉煌的业绩。

军人的天职是服从。同样，员工的天职也是服从。卓越优秀的员工，要完成上级布置的任务就必须具有强有力的执行力。而强有力的执行力，则意味着对上司下达的指令或任务必须接受，全力以赴地贯彻执行；意味着无论遇到什么艰难险阻，甚至陷入绝境，也必须恪尽职守，不达目的不罢休。**无论是谁，如果一直贯彻这种服从理念，他一定会取得很大的突破，赢得成功的机会。**

案例： 刚开始时，卡耐基是一个初出茅庐的小伙子，是美国一家公司最年轻的职员，工作非常勤奋。随着公司的业务量增多，公司准备在西部地区开拓一个新市场，但新市场的负责人迟迟未能确定下来。

当时，美国西部还处在开发的起步阶段，大部分地区都很贫穷，在这样的地方开辟市场非常困难。那些经验丰富的人都不愿意吃这个苦。最终，默默无闻的卡耐基成了唯一人选。

卡耐基接到任命通知时没有任何怨言，带着公司生产的产品样本就出发了。经过3个月的努力，卡耐基终于在那个人人都预言没有销路的地方使公司的产品站稳了脚跟，还兴致勃勃地预言那里的市场有更大的发展潜力。

当卡耐基把这个振奋人心的消息带回公司时，人们都惊奇地问他是如何看到那里的开发潜力的。卡耐基浅浅一笑说：“**其实，在出发时我也没有信心，而且觉得你们的观点是正确的，但我必须服从公司的安排。到那里后，我知道我必须全力以赴地去执行我的任务，结果我**

成功了。”

成功者并不是圣人，成功也并不像我们想象的那样遥不可及。像卡耐基一样无条件服从上司，不找任何借口，做好自己的工作，你也可以成为成功者。**这种树立了服从理念和强大执行能力的人，才是老板最需要的人，也是员工走向成功的重要途径。**

很难想象，一名对公司的各项规章制度总是不屑一顾的员工，能自觉地遵守各项纪律，百分之百地执行上司的指令；一名自视过高、不把上司当一回事的员工，能严格按照主管的意图去完成任务；一名凡事都要讲条件、找借口的员工，能高质量、高效率地完成任务。

总之，在战场上，可以赢得胜利的往往是绝对服从的军队。如果说服从仅是军人的天职，不如说服从是世界上所有生物的天职。服从天、服从地、服从社会发展的规律，政府服从世界的发展、社会的发展规律，官员服从政府的领导，公司老总服从行业发展制定公司发展方向，作为员工就要服从领导制定出的发展方向。所谓商场如战场，在这竞争激烈的商场中，能够绝对服从的企业总能站在行业的前端。

温馨提醒 服从理念，要固化于制，内化于心。

温馨提醒

服从理念，要固化于制，内化于心

服从理念如果不固化于制、内化于心，就很难让员工自觉服从，公司就没有发展前途，在市场竞争中一定会失败。一旦制度和战略形成，任何人都必须百分之百地支持和无条件地服从，甚至管理者也不得寻找任何借口。如果一个企业缺乏服从的习惯，那就会造成执行力下降、效率低等后果，这个企业自身也终将被竞争者淘汰出局。

温馨提醒

10

第十把成功创业砍刀，砍做事不到位的习惯

要做就做到位，要做就做完美。

第十把成功创业砍刀，砍做事不到位

- 第十把成功创业砍刀，是指创业者在创业路上砍掉只管做事，不求到位，引领创业者第一次就要把事做正确、做精细、做到位、做完美的一把创业砍刀。
- 砍做事不到位，实际上是让创业者把工作想到位、把事做到位，工作到位，必须心先到位；心到位了，才能把工作想到位、做到位，古人曰：“不患无策，只怕无心。”
- 砍做事不到位，实际上是提醒创业者要想就想到位，要做就做到位，要做就做完美。这是创业者做成事的原则，也是创业者成功的法则。
- 砍做事不到位，实际上就是培养创业者具有“要做就做好，否则就不做”的精神。要想做出骄人的业绩，要成就事业、创造财富，就必须把事做到位、把事做完美，所谓“谋事在人，成事在天”。

第十把成功创业砍刀这一章为创业者归纳提炼了三种理念，这三种理念可以引领创业者把握做事的境界，了解掌握成功者做事的轨迹，引领创业者在创业中把事第一次就要做正确、做精细、做完美、做到位，走向成功创业之路。

理念之一：工作要想就想到位，要做就做到位。工作到位不到位，相差一百倍，要想就想到位，要做就做到位，要做就做完美。把工作想到位，把事做完美、做到位，是创业者做成事的原则，是创业者成功的法则；把工作想不到位、做不到位、做不完

美，是创业者失败的症结。认真可以把事做对，用心可以把事做完美。

理念之二：精细决定成败，集约化铸就辉煌。精细化、集约化管理，是现代企业管理之要求；成也精细，败也精细，精细决定成败，集约化铸就辉煌。精细是制胜的法宝，事事精细成就百事，时时集约化成就一生。把事做精细，把细节做完美，是做好工作之标准；构建或打通精细化、集约化管理流程，提升执行效率。

理念之三：做事第一次就做正确，赢得时间走向成功。做事要树立第一次就要做正确的理念，第一次做对，就意味着赢得时间，走向成功。若第一次没有把握好事情，把事情做正确，就意味着要做第二次，推倒重来，既浪费时间，又浪费生命。

10.1 把工作做到位，把事做完美

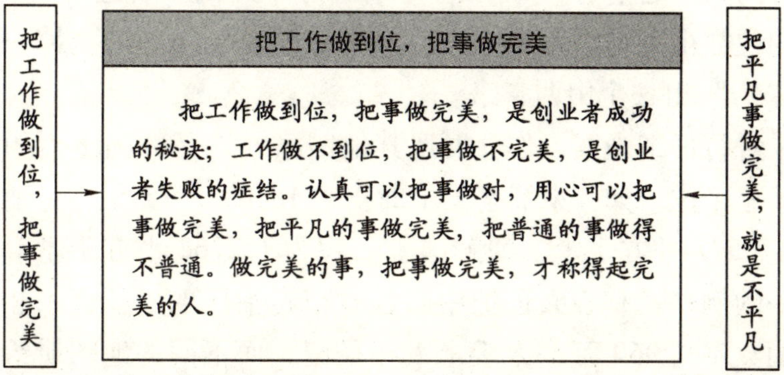

把工作做到位，把事做完美，是创业者成功的秘诀；工作做不到位，把事做不完美，是创业者失败的症结。凡是读过《把工作做到位》这本书的人都可能还记得这样一段话：5%的人不是在工作，而是在制造矛盾，无事生非等于破坏性地做；10%的人正在等待做什么等于不想做；15%的人正在为增加库存而工作等于“蛮做”、“盲做”、“胡做”；10%的人没有对公司做出贡献等于在做，但是负效劳动；20%的人正在按照低效的标准或方法工作等于想做，但不会正确有效地做；只有40%的人属于正常范围，但绩效仍然不高等于做不好，工

作不到位。这一段话充分体现了对做事不到位类型的统计。对于创业者来讲，是很有借鉴意义的。

海尔集团总裁张瑞敏曾说过这样一番话，让大家感触很深：如果让一个日本人每天擦六遍桌子，他一定会始终如一地做下去；而如果是一个中国人，一开始他会按要求擦六遍，慢慢地他就会觉得五遍、四遍也可以，最后索性不擦了。中国人做事的最大毛病是工作不认真、不到位。**每天工作欠缺一点，天长日久就成为落后的顽症，失败的症结。**

让我们先来看一看由于做事不到位给我们带来的巨大差别。

案例一：从中国领土面积的统计数字来看，统计工作不到位带来的差距有多大？

我们大家恐怕没有人不知道，中国国土面积约 960 万平方千米，居世界第三位。但其中有一个细部大概很少有人观察、注意到，那就是 960 万的数字之前有一个“约”字。可千万别小看这个“约”字，当精确的位数徘徊在以万为单位时，一下子就可以“约”掉一个山东省，或“约”出一个山西省来。

如果进行仔细观察，你会发现其他国家或地区的国土面积多精确到百位甚至个位。如：柬埔寨国土面积为 181035 平方千米，缅甸国土面积为 676577 平方千米，朝鲜国土面积为 122762 平方千米等，而中国是唯一的例外。有心人还把中国各省市自治区的面积逐一相加，结果得出的数字与 960 万平方千米大相径庭，而不同的地图册给出的数字也迥然不同。

如成都地图出版社出版的《中国地图册》，把各省市自治区的面积累加后得到的总面积是 9350616 平方千米；依据 2003 年中国地图出版社出版的《分省中国地图集》，得到的总面积 9338226 平方千米，均比 960 万少了 25 万平方千米左右，几乎就要割去一个辽东半岛。2004 年 1 月，中国地图出版社编制发行的《中国地图册》，累加的结果是 9333027 平方千米。这下可好，连上海市也赔进去了。这实在令人难堪。

案例二： 从我国的几家权威机构对中国中小企业数字统计来看，统计工作不到位而带来统计数字的差距。

中央电视台 2001 年 12 月 25 日的新闻联播播出了这样一则新闻："中国现有中小企业已达 1000 万家"。一位爱较真的网友对此进行了调查，发现早在 1999 年国家经贸委经济信息中心的报告提到："中国现有中小企业逾 1000 万家"；2001 年 7 月新华社报道："我国中小企业已经超过 800 万家，占全国企业总数的 99%。"但同年的《人民日报·海外版》的消息则又称，"中国现有中小企业逾 1000 万家"。

这些报告都出自国家的权威机构，但发表的数字却南辕北辙。就这样，从 1999 年到 2001 年再到 2004 年，中国中小企业总量三次达到 1000 万数量级。至于哪个数目是准确的，最终还是一笔不详账。以上不过是几条信手拈来的事实和数据，在中国这样的事情可谓是屡见不鲜，做事差不多、不到位的现象更是普遍。

从工作效率上讲，当你花时间做完了一件小事，上交领导之后，你的上司发现你的工作没有做到位，那么他就需要花时间去补充、修正。这样一来，不仅浪费你的时间，而且还占用了别人的工作时间。所以，你最好还是尽力把工作一次性做到位。因为，你把工作做到位了，上司就不需要花费时间进行修补了，这样大家的工作效率都会提高。可以说，在工作中，低效率或者无效率所造成的隐性浪费是非常大的。比如，原来只要一个人承担的工作，由于不能把工作做到位则需要两名以上的人员来完成；本应该正确完成的简单工作，由于工作没有做到位而出现差错等，这些都是浪费时间和精力的行为，都是因为工作没有做到位所造成的损失。从而导致其反复发生，造成更大的浪费。在工作中，我们可以容忍创造性的失误，但决不允许由于工作没有做到位而反复发生低级的错误。

温馨提醒 工作到位、完美，是强势企业成功秘诀。

温馨提醒 → **工作到位、完美，是强势企业成功秘诀** ← 温馨提醒

纵观国内的强势企业，都是在到位、完美工作的比拼上下过很大工夫的。企业靠战略就能挣大钱的想法是极其幼稚的，正是不注重到位、完美的大企业病拖垮了许多大企业，诸如浪费巨大而熟视无睹，人浮于事相互推诿，对市场信息不敏感，内部各部门之间沟通障碍，员工创新动力不足等，每一个问题都会在工作不完美、不到位上找到其理由。

10.2　把工作想到位，把事做到位

把工作想到位、把事做到位 → **把工作想到位，把事做到位** ← 想到位、做到位是做成事原则

“想到位、做到位”是创业者做成事的原则。要“做到位”，首先要“想到位”。“想到位”是一种思维能力，一种经验的累积，一种长期养成的思考习惯的结果，更是一种工作方法、工作习惯。只有工作想到位，才能把事做到位。否则，事情就很难做到位，更做不到卓越。

把工作想到位，把事做到位是创业者做成事的原则。那么，怎样才算“想到位”？怎样才算“做到位”？有标准吗？可衡量吗？如果没有标准无法衡量，你怎么知道没有“想到位”？又怎么知道没有“做到位”？对创业者来讲确实提出了很高的要求。如果把“想到位”当做横坐标，“做到位”当做纵坐标，你的“想到位、做到位”可能只是很小一点面积。如果你在工作中逐渐养成了这样的思维习惯和工作方法，不断地用这样的方式去分析解决工作中的问题，逐渐地，你的“想到位、做到位”的面积就逐渐增大。尤其是，当一个团队、一个组织都养成了这样的思维习惯和工作方法，并且这种工作方法和习惯成为这个组织的基因时，这个团队、这个组织就一定会成为一个卓越的团队、卓越的组织。或许，这种卓越仅仅是比其他人、其他组织的一招一式更到位一点。

把工作想到位、做到位，需要一种永不满足、永不懈怠的劲头。解放军某部在组织新武器实弹射击时，90%以上的同志都达到了良好

以上，这应该是一个不错的成绩。但是，这个部队的领导并不就此满足。他给大家出了一个算式：90% ×90% ×90% ×90% ×90% =59%。每次每个人都减一点成绩，递减下去最终导致的结果竟然是不及格！这个算式使大家如梦初醒，迅速从自我满足的状态中解放出来，重新制定努力目标，强化基础训练，从而取得了新的成绩。他们的可贵之处，就在于把工作到位作为一个动态的过程，不断提出新的任务，积蓄新的力量，瞄准新的目标，永不懈怠、永不满足。

温馨提醒 到位不到位，相差一百倍。

温馨提醒 → **到位不到位，相差一百倍** ← 温馨提醒

工作到位不到位，相差一百倍。把工作想到位、做到位，是成功的基础。工作中每个人尽管打折打一点点，但体现在一个团队、一个企业、一个社会、一个国家那就是一个莫大差别。这就是大家听到的“到位不到位，相差一百倍”。我觉得：一个人只要将工作做的更到位一点，不仅能创造良好的业绩，有时也能创造一些连自己也想象不到的工作奇迹。

10.3 要做就做最好，要做就做最棒

要做就做最好，否则就不做 → **要做就做最好，否则就不做** ← 成功的准则，就是把事做到最好

要走向成功，要做出骄人的业绩，要成就事业、创造财富，就必须把事情做最好，要么就不做，否则浪费的只有自己的时间，影响的也只有自己的前程；每个人都有自己的职位，每个人都有自己的做事准则：医生的职责是救死扶伤，军人的职责是保卫祖国，教师的职责是培育人才，工人的职责是生产合格的产品……。社会上每个人的位置不同，职责也有所差异，但不同的位置对每个人却有一个最起码的做事要求，那就是：要做就做到最好，否则就不做。

把工作做最好，把事做更棒，是卓越工作者对自己设立的一个做事标准。同时，也是管理者的理想，是组织发展进步的需要。要做就做最好，要做就做最棒这是成功者的成功准则。不论什么行业，什么工作，既然值得做，就应该带着思考去把它做到最好。成功学家格兰特纳说："如果你有自己系鞋带的能力，你就有上天摘星星的机会。"任何人只要勤于动脑，总有机会创造卓越。韦尔奇也说："要去摘星星，而不是沉迷于'令人厌烦的'小数点。"当你选择了一份工作的时候，你也在选择一种生活：你可以选择墨守成规地把活干完，让自己的工作乏善可陈；也可以选择有思考、有创造性的工作，让自己变成不可替代的人，赢取高薪。

要成功，就要做出骄人的成绩，要成就事业、创造财富，就必须最大限度地发挥自己的才能，尽最大努力把事情做好。所谓"谋事在人，成事在天"的本质，应该是"谋事在人，成事亦在人"，这个"人"就是那些能够真正做到最棒的人。

但是在现代职场中，有很多企业的员工凡事都得过且过，做事不求最好。主要表现是做事做不到位，在他们的工作中经常会出现这样的现象：有5%的人不像是在工作，能偷懒就偷懒，闲聊、睡觉、上网，一下班就不见人影；有10%的人正在等待着什么，被动地接受老板的吩咐；有20%的人正在为增加库存而工作，简单问题复杂化，把工作做成一锅粥，整天一团混乱；有10%的人没有对公司做出贡献，虽然在做，却是负效劳动；有40%的人正在按照低效的标准或方法工作，缺乏灵动的思维和智慧，永远忙乱却永远到最后才完成任务；只有15%的人属于正常范围，但绩效仍然不高，并没有踏踏实实、全力以赴。

每个人都有自己的职位，每个人都有自己的做事准则。医生的职责是救死扶伤，军人的职责是保卫祖国，教师的职责是培育人才，工人的职责是生产合格的产品……社会上每个人的位置不同，职责也有所差异。但是，不同的位置对每个人却有一个最起码的要求，那就是：做事做到位，要做就做到最好。否则，浪费的只有自己的时间，影响的也只有自己的前程。要做到最好，就是零缺陷地做工作。"零缺陷"

意味着我们每一次都要满足工作过程的最高要求。只有将“零缺陷”的思想与我们所倡导的精细的工作作风有机地融合起来，才能走出“差不多就行”、“马马虎虎”的思想和工作误区。

实际上，“零缺陷”表达的是一种决不向任何不符合最高要求的做法妥协的决心。它要求人们努力工作，把工作做到最好，达到“零缺陷”的境界。

温馨提醒 成功机会垂青于把工作做到出色、最好的人。

温馨提醒 → **成功机会垂青于把工作做到出色、最好的人** ← 温馨提醒

如果你有千里马之质，为何甘于普通马的工作方式，而不去施展才华争取属于自己的发展空间？如果你一直目标明确，那么不要怀疑犹豫，坚持去做吧。额外付出总有额外回报，机会总垂青于那些把工作做到出色、最棒的人。一个决心将工作做到出色、最好的人，不但能为自己赢得成功机会，还会拥有灿烂丰满的人生。

10.4 精细决定成败，集约化铸就辉煌

做事注重细节，工作追求完美 → **把事做精细，把细节做完美** ← 把事做精细，把细节做完美

精细化、集约化管理，是现代企业管理的要求；把小事做精细，把细节做完美，是做好工作之标准；做事注重细节，工作追求完美，是走向成功之根本；做事只做到尚可，不尽力做到最佳，必然走向失败；成功也精细，失败也精细，精细决定着成功与失败；构建或打通精细管理流程，提升执行效率。

精细决定成败，集约化铸就辉煌。中国人想做大事的人很多，而愿把小事做完美、做精细的人很少。一个做事不追求完美精细的人，

是不可能成功的。而要做事完美，就必须注重精细。秦国丞相李斯在《谏逐客书》中讲到："泰山不拒细壤，故能成其高；江海不择细流，故能就其深。"老子也有句名言：天下难事，必作于易；天下大事，必作于细。细节之中往往隐藏着决定事情成败的玄机。企业抓住了细节，才能实现精细化管理，基业长青；个人把握了细节，才能防微杜渐，不因小失大，走向成功和卓越。我们不缺少雄韬伟略的战略家，缺少的是精益求精的执行者；决不缺少各类管理规章制度，缺少的是规章条款不折不扣的执行。

汪中求在阐述战略和细节的关系时用了这样一句话："战略——从细节中来，到细节中去。"前期做得越细，战略定位就越准确；再好的战略，也必须落实到每个细节的执行上。王方华也认为：对企业来说，在战略上应该是举重若轻，在战术上应该是举轻若重。

案例一： 20世纪70年代，凯玛特是美国零售业的老大，与凯玛特同一年创立的沃尔玛的营业额还只是凯玛特的四十五分之一。但如今，凯玛特申请破产保护，沃尔玛却成全球企业500强的老大。也正是在细节上凯玛特都略逊于沃尔玛，最终导致了凯玛特悲剧的产生。如，沃尔玛专注于商品经营，做"小买卖"，凯玛特却搞多元化，盲目收购；沃尔玛自己与自己"较劲"，控制各方面开支，凯玛特与沃尔玛较劲，使公司"大出血"；沃尔玛配货平均每天一次，凯玛特平均5天一次。两家在20多个细节上的差异，导致了今天的结果。

总之，罗马不是一天建成的，习惯不是一天养成的，精细也不是一次就能发现并把握的。只有养成良好的精细思维习惯，树立正确的"精细观"，才能把事做圆满。所谓成也精细，败也精细。精细是制胜的法宝，事事精细成就百事，时时精细成就一生，而如果我们人人都精细，就能成就企业的明天。

温馨提醒 精细是制胜的法宝，事事精细成就人生。

精细是制胜的法宝，事事精细成就人生
精细是制胜的法宝，事事精细成就百事，时时精细成就一生。如果我们人人都精细，就能成就企业的明天。罗马城不是一天建成的，习惯不是一天养成的，细节也不是一次就能发现并把握的。只有养成良好的精细思维习惯，树立正确的“精细观”，就能把事做圆满。所谓成也精细，败也精细。

温馨提醒　　温馨提醒

10.5 做事第一次就做正确，赢得时间

做事第一次就做正确，赢得时间走向成功
做事要树立第一次就要做正确的理念，第一次做对，就意味着，赢得时间，走向成功。若第一次没有把握好事情，把事情做正确，就意味着要做第二次，不仅造成不必要的忙碌，更是浪费时间、浪费生命，这样不良循环的死结越缠越紧。这些不正确往往不仅让自己忙，还会放大到让很多人跟着你忙，造成巨大的时间、人力和物资损失。

做事第一次就做正确，会赢得时间

第一次做不对，就意味着做第二次

做事第一次就做正确，赢得时间走向成功。要树立做事第一次就要做正确的理念。第一次做对，就意味着赢得时间，获得机会；第一次做不正确，就意味着还要做第二次，就等于浪费了时间，失去了机会。

第一次就把事情做对，是著名管理学家克劳士比“零缺陷”理论的精髓之一。第一次就做对，是当代企业老板的成功创业之道，也是成功创业者的成功创业轨迹。第一次做不正确，就意味着从头再来，就要纠偏或返工，就等于浪费了时间、浪费了金钱，就等于失去了市场。

现代企业中每个人的目标都应是“第一次就把事情完全做对”，至于如何才能做到在第一次就把事情做对，克劳士比先生也给了我们正确的答案。这就是首先要知道什么是“对”，如何做才能达到“对”

这个标准。

案例二： 克劳士比很赞赏这样一个故事：一次工程施工中，师傅们正在紧张地工作着。这时他手头需要一把扳手。他叫身边的小徒弟："去，拿一把扳手。"小徒弟飞奔而去。他等啊等，过了许久，小徒弟才气喘吁吁地跑回来，拿回一把巨大的扳手说："扳手拿来了，真是不好找啊！"

可师傅发现这并不是他需要的扳手。他生气地说："谁让你拿这么大的扳手呀？"小徒弟没有说话，但是显得很委屈。这时师傅才发现，自己叫徒弟拿扳手的时候，并没有告诉徒弟自己需要多大的扳手，也没有告诉徒弟到哪里去找这样的扳手。自己以为徒弟应该知道这些，可实际上徒弟并不知道。师傅明白了：发生问题的根源在自己。因为，他并没有明确告诉徒弟做这项事情的具体要求和途径。

第二次，师傅明确地告诉徒弟，到某间库房的某个位置，拿一个多大尺码的扳手。这回，没过多久，小徒弟就拿着他想要的扳手回来了。

克劳士比讲这个故事的目的在于告诉人们，要想把事情做对，就要让别人知道什么是对的，如何去做才是对的。在我们给出做某事的标准之前，我们没有理由让别人按照自己头脑中所谓的"对"的标准去做。

温馨提醒 树立第一次就做对的理念，把事第一次做对。

温馨提醒 → **树立第一次就做对的理念，把事第一次做对** ← 温馨提醒

什么叫不平凡，把平凡的事一千遍、一万遍地做对、做正确，就是不平凡；什么叫不简单，就是把简单的事情千百遍都能做好、做正确，就叫不简单；什么叫不容易，就是大家都认为非常容易的事情你能认真地去做好它、做对它，就叫不容易。总之成功，就是把平凡的、简单的、容易的事情一次就把它做对、做正确，终会使之走向成功。这是美国通用电气前总裁杰克·韦尔奇对如何成功做出的最好回答。